AF293685

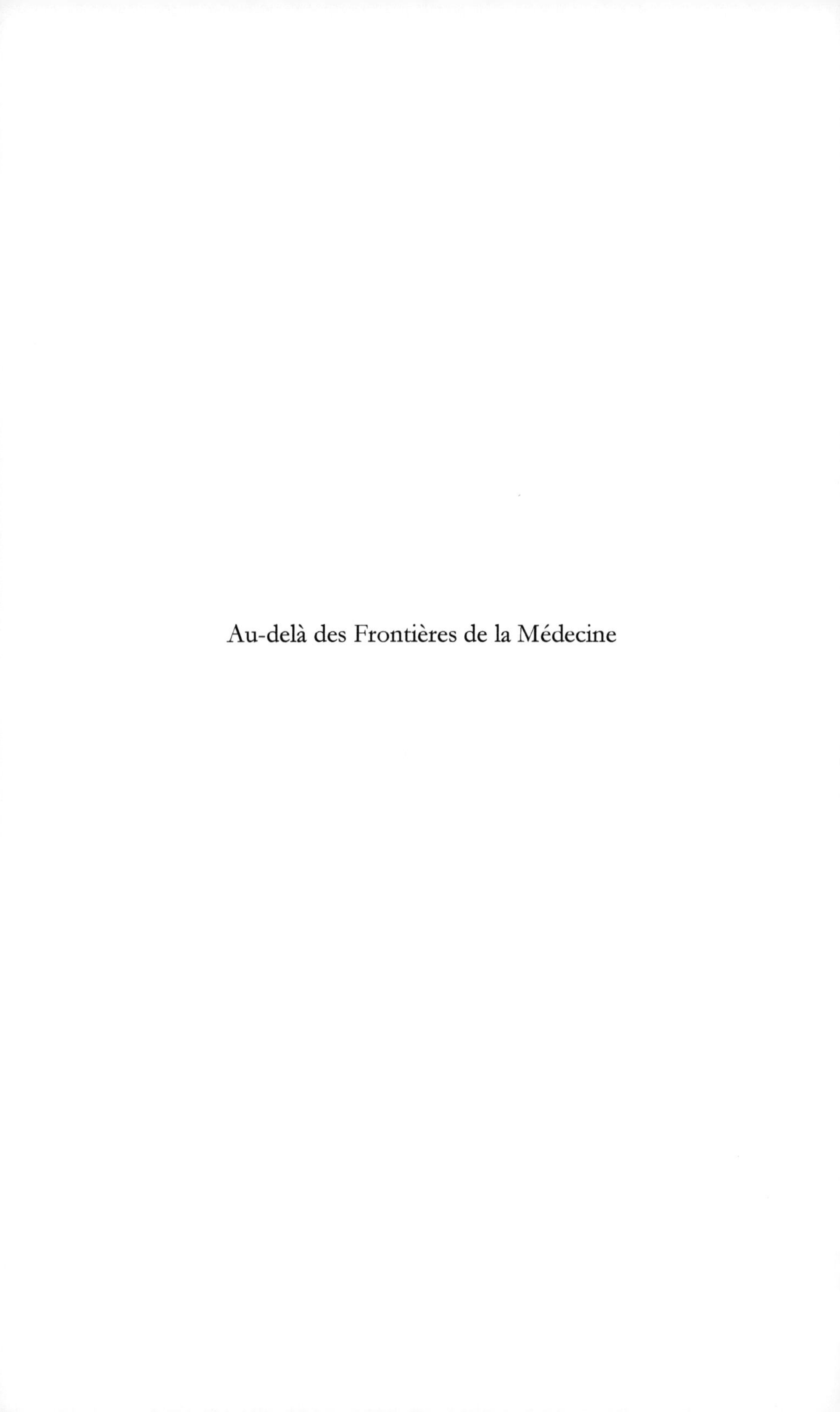

Au-delà des Frontières de la Médecine

©2024. EDICO
Édition : JDH Éditions
77600 Bussy-Saint-Georges. France
Imprimé par BoD – Books on Demand, Norderstedt, Allemagne

Préface : Dr. Adnan El Bakri

Conception et rédaction : Yoann Laurent-Rouault
(Cat's Society : yvlr2@outlook.fr)

Réalisation et conception couverture : Cynthia Skorupa & Yoann Laurent-Rouault

ISBN : 978-2-38127-350-1
Dépôt légal : mars 2024

Dr. Adnan El Bakri

Au-delà des Frontières de la Médecine

Le gamin de Tripoli qui voulait tutoyer les étoiles

*L'incroyable parcours qui a déjà inspiré
des milliers de personnes*

*Une histoire écrite
par
Yoann Laurent-Rouault*

JDH Éditions

Baraka

L'avenir n'est pas ce qui va arriver, mais ce que nous allons faire.

Henri Bergson

Un mot du biographe

Quand j'ai commencé ce livre, cela fait plus de deux ans aujourd'hui, la situation d'Adnan n'était évidemment pas la même qu'au moment où j'écris ces lignes. Les jours qui viennent sont porteurs d'espoirs, et la note de fin n'a pas retenti, car comme vous le verrez, la vie d'Adnan n'a pas été un long fleuve tranquille. Loin de là.

D'hier en demain, de demain en surlendemain, petit à petit, au gré des échanges, avec Adnan, nous avons construit ce livre et, je le crois volontiers, développé une certaine amitié réciproque. Durant tout ce temps, entretiens après entretiens, chapitre après chapitre, j'ai appris à découvrir un homme complexe, surdoué et éminemment humaniste. J'ai constaté qu'au-delà du médecin, du chirurgien et de l'homme d'affaires, il y a toujours en lui ce gamin de Tripoli qui voulait et veut encore tutoyer les étoiles. Qu'il y a toujours en lui, malgré les aléas de la vie et les coups durs, cette part de poésie discrète, cette pudeur des sentiments et cet amour de son prochain qui accompagne et motive ses actions. Adnan El Bakri veut rêver plus loin, plus grand, et il s'en donnera toujours les moyens. Son public est large, ses amitiés sont nombreuses et sa foi est indéboulonnable de ses convictions. Bref, il n'a pas fini de nous surprendre, ni vous, ni moi.

Dans cette biographie atypique, puisqu'elle mêle le récit aux souvenirs, le verbatim à l'actualité et le rédactionnel aux faits, ce qui paraît-il n'est pas conventionnel, vous voyagerez du Liban à Marseille, de Marseille à Reims, et de Reims au reste du monde. Vous lirez ici un plaidoyer argumenté pour une médecine espérée, vous apprendrez aussi quelques vérités sur le parcours d'un « carabin » comme sur celui d'un médecin entrepreneur, comme sur les coulisses de la médecine, vous découvrirez aussi dans ces pages ce que personne n'ose vraiment écrire sur un sujet à la portée pourtant universelle : la santé.

Votre santé.

Et ce que la médecine en fait.

Ou en fera, si des gens comme Adnan n'interviennent pas et si la grande dame blanche ne rejoint pas enfin son siècle.

Yoann Laurent-Rouault

Préface

Auteur de son destin
Épisode 1
37 ans

Quand j'ai ouvert ce livre pour la première fois, je me suis retrouvé nostalgique face à une plongée dans le temps, une odyssée de plus de deux ans qui m'a ramené à des époques où le destin n'était qu'un concept lointain et où les rêves semblaient infinis. Aujourd'hui, en tenant ces pages entre mes mains, je réalise à quel point le chemin parcouru a été jalonné d'espoirs, de défis, et de moments où la vie elle-même semblait suspendue dans l'équilibre incertain de l'avenir.

Ce livre n'est pas une simple biographie, mais plutôt une exploration de l'âme humaine, une danse entre les moments de triomphe et les ombres de l'adversité. À travers ces mots, je vous invite à découvrir l'homme derrière le titre de docteur, à pénétrer dans les coulisses de ma vie, où chaque chapitre raconte une histoire, chaque page résonne d'émotions.

Mon ami Yoann, avec sa plume habile, a su capturer et résumer les nuances de ces longues mais passionnantes premières années de ma vie, du gamin rêveur de Tripoli au chirurgien qui aspire à toucher les étoiles. Ces pages de confessions ne sont pas simplement un vécu, mais un voyage au cœur de l'humanité, de la passion qui pulse dans chaque acte médical, de la poésie qui émane des moments les plus simples, et de la foi indéboulonnable qui guide mes pas.

Au fil de cette aventure littéraire, vous découvrirez des vérités crues sur la médecine, des plaidoyers pour une vision audacieuse de l'avenir de la santé, et surtout, un appel vibrant à rêver plus grand, à forcer son destin et à oser réussir. Car au-delà des titres et des réalisations, je reste ce gamin de Tripoli qui refuse de se laisser enfermer dans les limites du possible et se bat pour triompher contre vents et marées.

Je vous invite à ressentir chaque émotion, à vous laisser inspirer par chaque récit, et surtout, à comprendre que la vie, même dans ses moments les plus difficiles, est une invitation constante à poursuivre ses rêves, à façonner son destin, à sourire, à agir, à aimer, à vaincre ses peurs, à aider son prochain et à inspirer. Puissent ces pages vous toucher au plus profond de votre être et vous rappeler que chaque histoire, même la vôtre, est une épopée en devenir.

Adnan El Bakri

Monsieur El Bakri,

Vous venez d'acquérir la nationalité française.

Par cet acte vous vous rattachez à la longue histoire de la France qui, au fil des siècles, a accueilli des femmes et des hommes qui se sont reconnus dans ses valeurs : la liberté, l'égalité, la fraternité, la laïcité.

Citoyen français, vous disposez désormais de l'ensemble des droits civiques, à commencer par le droit de vote à l'ensemble des élections, fondement de notre démocratie.

Citoyen français, vous avez aussi des devoirs. Vous devez connaître les lois de notre pays et les respecter. Vous devez aussi apporter vos forces et votre engagement personnel pour construire l'avenir de notre nation.

En devenant Français, vous accédez également à la citoyenneté européenne. Vous prendrez ainsi toute votre part à la grande aventure de la construction de l'Europe.

La France vous accueille désormais comme l'un des siens.

Le Président de la République

François HOLLANDE

Dédicace

À ses parents

Ce livre est un cadeau symbolique pour vous dire combien vous êtes importants pour moi et à quel point vous m'avez marqué de façon indélébile.

Vous avez toujours été là malgré la distance qui nous sépare. Vous m'avez guidé, soutenu et encouragé à chaque étape de ma vie, vous continuez à le faire sans faille, et je suis tellement reconnaissant d'avoir une famille aussi exceptionnelle.

Vous êtes mon roc, ma source de force et d'inspiration.

Chaque instant passé en votre compagnie est un trésor précieux pour moi. Vous avez su me montrer l'amour inconditionnel et m'apprendre l'honnêteté, la persévérance et la bienveillance.

Vous avez sacrifié tellement de choses pour nous cinq, travaillant sans relâche pour nous offrir le meilleur.

Vous êtes un modèle d'effort, de détermination et de dévouement. Je suis fier de vous « *habibeti* » pour tout ce que vous avez accompli pour nous, et pour la femme et l'homme extraordinaires que vous êtes.

À travers ces lignes, je veux vous rappeler combien vous êtes aimés et appréciés.

Vous avez su me donner confiance en moi, m'encourager à poursuivre mes rêves et me soutenir dans mes succès comme dans mes nombreuses chutes et moments difficiles.

Je suis tellement reconnaissant d'avoir des parents tripolitains aussi aimants et bienveillants que vous.

Je tiens simplement à vous dire merci pour tout ce que vous avez fait pour moi. Vous êtes de véritables héros à mes yeux, et je suis honoré de vous avoir comme mère et père.

Je vous aime plus que les mots ne pourront jamais l'exprimer, et je suis reconnaissant chaque jour de vous avoir dans ma vie.

Adnan

PREMIÈRE PARTIE

I

Être né quelque part…

Depuis 1958, au Liban, les crises sociales, religieuses et politiques se succèdent et la décolonisation française alimente le feu. Dès cette époque, nombre de citoyens libanais impuissants et méfiants voient se mettre en place un système politique et administratif qu'ils finiront par haïr. Et qui malheureusement gangrène encore le Liban d'aujourd'hui. La corruption, la mafia, la peur et l'ignorance étoufferont peu à peu les élans démocratiques les plus fervents de ses citoyens et écraseront dans le temps la saine opposition dont toute démocratie a besoin pour exister. Car le Liban était une démocratie. Et le Liban veut redevenir une démocratie multiculturelle. Soyons-en certains.

Aujourd'hui, qui pourrait, de façon simple et concise, résumer et donner les tenants et les aboutissants d'un conflit qui se perd lui-même dans les poussières du temps et se déplace comme autant de dunes poussées par les vents dans le désert ?

Je n'ai à ma disposition pour écrire ce chapitre de la vie d'Adnan, que des « grandes dates » assorties à quelques faits encyclopédiques de l'histoire du XXe siècle, quelques articles de presse, quelques idées, quelques impressions d'une culture, d'une mixité et d'un peuple que je ne connais pas. Du moins que je ne connais pas comme j'aimerais le connaître pour écrire ce livre. Je lis l'histoire contemporaine du Liban et je me perds dans la diversité des charges et des acteurs du procès d'un peuple victime de sa propre histoire.

Je ne connais pas le Liban. Mais ce que je sais en revanche, c'est que devant la guerre, aucune nation n'est moins coupable qu'une autre. Et que quand cette guerre devient civile, c'est que le pays en question souffre d'une maladie grave. D'un cancer.

Aucune nation ne peut se vanter à travers son histoire d'avoir les mains propres. Pas plus que l'on ne peut faire le portrait en noir et blanc de n'importe lequel des grands hommes qui ont marqué l'histoire universelle, sans pour autant le nuancer de gris. Quoi qu'il ait fait, un homme reste un homme. La France, l'Europe entière, et de façon universelle, le monde des États et des nations que nous connaissons de nos jours, s'est construit sur les ruines des champs de bataille. Et le Liban n'échappe malheureusement pas à la règle. Comme toutes les populations ont souffert, ou souffriront un jour ou l'autre de la folie de quelques-uns. Et peu importe au final le nom que portera cette folie.

 Si j'en crois mes différentes lectures, la guerre s'installera véritablement au Liban à partir de 1975. Elle sera à la fois civile, militaire, et pour en rajouter au drame de la population, religieuse. Elle se perpétuera jusqu'en 1990. Et bien au-delà de cette date, le pays connaîtra des soubresauts assassins, nationalistes ou radicaux. Assassins plus que meurtriers. Il ne s'agit pas d'accidents, mais d'actes délibérés d'hommes sur d'autres hommes. D'un rajout de peines et de douleurs sur l'épaisseur du malheur. Plaise à la vie de ne jamais me rendre otage de mon propre pays.

Des années d'horreurs et plusieurs centaines de milliers de morts.

Officiellement.

Et quel est le chiffre réel de ce sinistre et macabre décompte ? Quels sont les cas qui sont comptabilisés ? Ces chiffres prennent-ils en compte, pour les survivants, le nombre de vies gâchées ? Nous le répétons : encore aujourd'hui, attentats, conflits et crises économiques ponctuent la vie de la population de ce pays. Pourtant si beau.

La perle aux reflets azurés de la Méditerranée…

Il fut un temps pas si lointain où le Liban faisait partie des destinations de rêve des vacanciers de la planète…

L'actualité de ces trois dernières années en est témoin.

Rien n'est résolu.

Et d'ailleurs qu'y a-t-il à résoudre ?

Sait-on encore pourquoi l'on se bat ?

Est-il nécessaire de faire parler la poudre pour s'entendre mieux ?

Pourtant, on le sait bien que les détonations rendent sourd…

Et que la souffrance tue l'espoir.

Et que la mort de l'un appelle toujours la vengeance de l'autre.

J'aime cette phrase à la fois sage et humaniste de Gandhi : « Œil pour œil et le monde deviendra aveugle ».

Et je me pose la question : le Liban est-il devenu aveugle ?

C'est un épisode particulier de cette guerre qui nous intéresse pour notre propos. Un épisode connu sous le nom « *Des combats de Tripoli* ». Cette région du Liban avait été relativement épargnée depuis 1975, mais pendant 7 ans, jusqu'en 1982, les choses ont changé. Et elles sont restées dans leur état jusqu'en 1985. Toujours officiellement.

Encyclopédiquement parlant.

Pour Adnan, les choses sont différentes.

Nous sommes maintenant en 1986, après cette première période de guerre de 7 ans, dans cette même ville, tant bien que mal, la vie continue. « *Même si on ne vivait plus comme avant, mais comme on le pouvait !* » conclura Adnan.

C'est en ces termes laconiques qu'il me parle de son pays. Il fait un effort de mémoire. C'est perceptible et relatif aux temps morts de l'entretien. Mes questions le replongent dans des choses qu'il n'avait forcément pas oubliées, mais qu'il avait enterrées. Qu'il avait enfouies dans sa mémoire ! Dans la case voisine de celle où est inscrit le mot « départ ». Son pays. L'évoquer, pour lui, c'est à la fois douloureux et heureux. Heureux, car il y a l'enfance, la famille, les amis et ce qu'il aime de cette vie passée qui ressurgissent brusquement.

Et c'est inattendu. C'est un peu comme si vous bousculiez par inadvertance à un coin de rue, un ami perdu de vue, ou un ancien amour, et qui vous replonge soudainement dans une époque révolue de votre vie.

Adnan naît donc en 1986, dans un petit village proche de Tripoli. «À la campagne», comme il dira en riant. Au nord de la grande ville. Au nord de l'échelle du Levant des chevaliers et des sultans. Sa famille est pauvre, mais ouverte au monde et aimante. Il sera l'aîné d'une fratrie qui se composera de cinq enfants. À cette date, il ne le sait pas encore et ses parents non plus. Pourtant il sera l'influenceur. Le précurseur. Et il brisera le cercle.

Adnan est l'aîné. Il comprendra rapidement qu'il devra montrer le chemin à ses frères et sœurs. Mais peut-être pas de la façon que ses propres aînés attendent. Et surtout pas de la façon où sa destinée acquise le confinait.

Son père travaille dans la confection, il loue une petite boutique dans le souk de la ville. C'est un homme bon. Connu et respecté. Sa mère travaille avec son mari. Mi-marchands ambulants, mi-sédentaires, le couple retouche des vêtements, vend de la lingerie et des coupons de tissus et surtout essaie de survivre dans une ville dont les blessures sont encore des plaies ouvertes. La peur, la précarité, le travail et la volonté d'un avenir meilleur guident les pas de la petite famille au jour le jour. Ils ne cherchent pas leur chemin, comme nous Occidentaux nous le faisons et surtout comprenons l'expression. Non, ils cherchent justement à ne pas s'en égarer.

Et la vie n'est pas facile.

Des bombardements ont obligé la famille à déménager, les repères sont chamboulés, et même si ses parents l'aiment plus que tout, il faut survivre. C'est pour Adnan, le début de ce qu'il décrira comme «une errance familiale». Il sera confié à ses tantes, la famille s'entraidant au mieux de ses possibilités.

Et Adnan passera plus de temps avec l'une d'elles en particulier, et c'est heureux pour lui. La tante Leila, qui exerce le métier de directrice d'école. Avec elle, il découvrira un autre monde.

Où la subsistance n'est pas la priorité. Un monde dématérialisé et libre des contraintes et des nourritures terrestres.

Sa tante, une personne qui le suivra et l'aimera comme son propre fils, jouera un rôle important dans la vie d'Adnan, vous l'aurez deviné. Progressiste, ouverte, curieuse, intelligente, elle décèlera ces mêmes qualités chez son neveu et ne cessera dès lors de l'amener à se dépasser, à se questionner et à refuser l'ignorance.

Maîtres-mots pour lui, que « le refus de l'ignorance ».

Peut-être même cette idée a-t-elle été durant une longue période de sa vie, sa raison de vivre.

Adnan grandit, en vivant plusieurs vies. Déjà. De par cette situation singulière, il endosse plusieurs rôles. Il s'éduque et s'ouvre au monde avec sa bonne fée, Leila. Il explore sa ville en courant, et comme n'importe quel gamin de Tripoli, il joue aux jeux de son âge entre les étals du souk. Il apprend le métier de son père et travaille à la boutique pour le reste de son temps.

Le souk fascinait le jeune garçon qu'il était. Il en parle aujourd'hui avec une tendresse et une nostalgie palpables.

Et ses descriptions, pleines de couleurs et d'épices, de chatoiements et d'ombres, font briller ses yeux. Il donne l'impression de retrouver son âme d'enfant quand il évoque ces souvenirs « marchands ». Il décrit les allées étroites et encombrées du grand marché, peuplées de ces femmes aux châles et aux foulards multicolores, aux silhouettes parfois énigmatiques, il raconte ces rues presque couvertes par de maigres tôles ondulées bricolées depuis la charpente précaire des étals, qui par endroits cachent presque totalement ce ciel où le soleil est pourtant roi. À entendre Adnan le décrire, je vois le souk comme une sorte de ville dans la ville. Grouillante de mille et une âmes. Truffée de passages secrets, pour qui n'est pas un enfant de Tripoli. Adnan me décrit un lieu à part. Vraiment à part.

Je l'écoute et je voyage avec lui, je vois la multiplicité de petites échoppes qui assiègent les rues de Tripoli, j'entends aussi la prière sourde d'un muezzin immortel qui s'élève au-dessus des bruits de la foule et je m'aveugle avec les éclats du soleil qui répond à la vie de ces ruelles par-dessus les drames des hommes.

Adnan est chez lui quand il parle de Tripoli. Adnan est chez lui quand il est ailleurs. C'est peut-être ce que certaines âmes simples et encombrées de bêtises n'arrivent pas à comprendre.

Enfant de la ville.

Enfant de la vie.

Enfant d'ici et de là-bas.

Et si n'être qu'un enfant suffisait…

Au souk, on n'y parle pourtant pas si fort, on y vient pour acheter surtout, et quand on ne peut pas acheter, on regarde. On regarde et on rêve. On rêve d'une autre vie.

Ou plutôt on songe à ce que la vie ici ne peut pas donner.

Et ce n'est pas qu'elle ne veut pas, c'est qu'elle ne peut pas. C'est peut-être ce que le jeune Adnan se dit en déambulant et en jouant à touche-coudes dans ce dédale de senteurs et de nourritures célestes.

Les marchands présentent leurs articles à des femmes qui restent sages et attentives. Certaines sont belles comme la nuit des temps.

Le remarque-t-il ?

L'Orient est un monde fascinant de contrastes et cela n'échappe certainement pas à Adnan qui, sans mettre de mots sur ses sentiments, sans parvenir à bien définir les choses, et surtout sans connaître autre chose, en sent la richesse.

Ses appétits sont là.

Le commerce paternel fait vivre la famille, il le respecte, il l'entend, et en conséquence, il observe, apprend, mais n'oublie pas de penser.

Les plats en mauvais métal contenant de la nourriture préparée s'additionnent au long des étalages. Ils semblent garés, comme le sont les voitures le long des trottoirs d'une avenue. Adnan salive. Plus loin, les poissons sont en tas, heureux pêcheurs. Dans une glace qui peine à survivre à la chaleur sur l'inox tordu de l'étalage. La Méditerranée nourrit ses riverains depuis des millénaires. Et elle aussi est en lui.

En face sur l'autre stand, il y a des montagnes de tomates, des mini-courgettes en abondance, des fruits, d'autres légumes qu'il connaît mal parce qu'ils ne font pas partie de l'ordinaire des repas de la famille. Il n'y aurait qu'à en prendre un en bas de la pile et la totalité de l'échafaudage tomberait dans le panier, telle une avalanche de bienfaits. Corne d'abondance…

Et là, dans ces bacs en plastique, des plats cuisinés, et à côté une petite pelle en aluminium, et plus loin une louche…

Prêt à emporter…

Prêt à consommer…

Adnan se dit que la famille se réunirait joyeusement autour des plats. Il amènerait à la maison des nouveautés venues d'ailleurs. Il partagerait… Adnan se dit aussi qu'un jour, il offrira tout ça aux siens. Sans restriction.

Et ce n'est pas l'appétit qui lui manque.

Il ne connaissait pas encore Prévert, mais il faisait déjà son inventaire, notre jeune poète. Adnan me confiera que le souk a imprimé quelque chose en lui. Quelque chose qui fait partie de lui. Quelque chose d'intime qui ne le quittera jamais.

Et qu'il n'est pas utile de définir ici. Au final.

Même si aujourd'hui, sa vie est à des milliers de kilomètres, professionnellement et géographiquement, le souk est toujours là, avec lui.

Que se trame-t-il dans l'imagination de ce jeune garçon, aîné d'une fratrie, destiné à reprendre et à développer le commerce de ses parents, alternant une réalité crue, guerrière et basée sur la survie, avec des cours dans une école multiculturelle et sous la tutelle d'une femme aimée et instruite ?

À quoi songeait-il quand un long courrier à destination de l'Europe déchirait de blanc l'azur du ciel de Tripoli sous ses yeux ?

Que pensait-il en observant les correspondants, les journalistes et les touristes étrangers qui stationnaient dans les différents points de la ville et qu'il croisait sans bien comprendre ce qu'ils faisaient ici ?

Qu'a laissé comme trace en lui cet avion de chasse israélien qui a pris pour cible l'immeuble en face du sien et quel sentiment l'a dominé quand il a vu ce même immeuble s'effondrer comme un château de cartes ?

Et ces sirènes qui ponctuent ses journées ?

Ont-elles retenti dans son esprit comme le sinistre chant de la mort et du chaos qu'elles sont ou comme le chant d'appel de ces créatures mythologiques qui attirent le voyageur ?

Où en était le gamin de Tripoli avec tout ceci ?

Adnan avait un pied dans chaque monde.

Le premier dans la réalité du quotidien, le second dans la théorie de l'apprentissage. Il me dira que très jeune, ce qui le choquait, c'était « *l'ignorance de ses interlocuteurs et les prises de position entêtées et fermées des différentes communautés qu'il côtoyait* ».

Il trouvait cela d'une bêtise sans nom de ne rien vouloir faire évoluer, de ne vouloir rien changer, de ne pas s'instruire, de ne pas dialoguer…

Avec Leila, il trouvera la solution. Être inscrit dans une école qui dispense trois enseignements. Catholique, juif et musulman. C'était comme être debout au milieu du carrefour.

Son père, brave homme, et conscient du potentiel de son fils, peut-être aussi influencé par la maman, Mona, acceptera le fait. Sans commenter. Sans discuter.

Il acceptera de raison et en silence.

À la croisée des chemins de ces grands courants de pensées religieuses, aujourd'hui se souvenant avec émotion d'un crucifix accroché au mur de l'appartement de sa tante pourtant musulmane, Adnan n'en choisira aucun en particulier.

Il s'intéressera à la pensée en tant que telle.

À la connaissance.

À l'héritage de ces cultures millénaires.

À la philosophie et à l'histoire de ces cultures.

Comme au souk, il goûtera et consommera dans la grande bibliothèque ce qui lui plaît et ce qui lui paraît bon pour lui.

Et là, l'argent n'était plus nécessaire. Les nourritures célestes prenaient de plus en plus d'importance dans sa vie d'alors.

Il grandira sans s'en rendre compte, et ce n'est pas le marchand qui se révèlera en lui, mais l'intellectuel qu'il est aujourd'hui. Le docteur El Bakri sommeillait déjà dans le jeune gamin de Tripoli. Il réfléchira beaucoup, il composera tout autant, et il commencera à se dire que *ses rêves n'en sont peut-être pas, s'il s'en donne les moyens.*

II

La Médecine des Pauvres

Maman perd du sang.

Beaucoup de sang.

Trop.

Il faut se déplacer. Parce qu'ici, personne ne viendra la secourir.
Ce service n'existe pas. On ne peut pas se satisfaire d'appeler
au secours. On ne peut pas rester à attendre…

Ça ne suffira pas.

On ne sait pas quoi faire.

La panique s'installe.

Mona est en danger.

Et Mona c'est tout pour Adnan, comme pour son père.

On trouve une voiture. Adnan ne sait pas comment.

Un taxi, un voisin… il ne se souvient plus.

Sa mémoire est douloureuse. Le traumatisme est encore là.

Des années après.

Il est rouge.

Douloureusement rouge.

Son père les conduit vers l'établissement hospitalier le plus
proche. Nous sommes à Tripoli, pas à Paris.

Ce n'est pas si simple de circuler dans cette ville encombrée.

Et à cette heure, ça peut être dangereux.

Tout pourrait arriver.

Adnan tient la main de sa mère et lui sourit.

Il prend sur lui. Malgré sa retenue, ses yeux rougis laissent une
larme s'échapper de temps à autre.

Il les essuie rageusement du revers de sa manche.

Il ne veut pas voir le sang de Mona.

Alors il ne quitte pas son regard, seulement quand la voiture
bloque quelque part, ou que son père s'énerve au volant.

Mais l'hémorragie de sa maman tache autant le tissu de sa robe
qu'elle tache l'âme de son fils.

Et nul n'y peut rien.

Le temps se perd.

Le trajet est compliqué.

Le trajet est douloureux.

Mona est de plus en plus pâle.

De plus en plus faible.

Ses lèvres sont gercées.

Ses beaux yeux noirs sont fiévreux.

Sa main qu'il tient, devient molle.

Adnan prie.

Supplie.

Le temps est sans fin.

Mais enfin !

Enfin, ils arrivent aux portes d'un centre de soins.

C'est ouvert !

Il y a de la lumière.

On va s'occuper d'elle !

Les médecins vont la sauver !

L'espoir renaît immédiatement !

Les larmes sèchent instantanément.

Mona est faible, elle a peur, et Adnan et son père ont encore plus peur qu'elle. Elle est le foyer, elle est le centre.

C'est la maman. Le destin ne devrait jamais frapper les mères. Il n'y a rien de plus injuste que le malheur qui s'abat sur une mère de famille. Adnan voit son monde sombrer.

Il sent son enfance le quitter.

Et dans le ventre de sa mère, il n'y a pas que de la souffrance, il y a aussi la vie.

Et cette vie, c'est sa petite sœur.

Alors, il les croit sauvées toutes les deux quand une blouse blanche vient vers eux.

Mais la famille ne passera pas la porte.

Mona ne recevra aucun soin.

C'est une clinique.

Ce n'est pas un dispensaire.

C'est une clinique privée.

On demande immédiatement au père d'Adnan de prouver qu'il a les moyens de payer les soins.

Ils n'acceptent pas la jeune femme dans la clinique.

Imaginez alors, ce que cela imprimera dans l'esprit et la personnalité du jeune garçon. Mettez-vous dans sa situation.

Quel chemin auriez-vous pris par la suite ?

Parce qu'après avoir vécu une situation comme celle-ci, pour Adnan, plus rien ne sera jamais comme avant.

Et c'est cet évènement qui décidera de son destin.

III

Le Crayon

Pour qui est observateur, et donc qui l'a connu, déjà avant l'époque du lycée, Adnan avait la particularité de ne jamais se départir de son crayon.

Il l'avait toujours à la main.

Il ne le quittait jamais.

La symbolique est forte, quand aujourd'hui on y pense et que l'on regarde le parcours de l'homme qu'il est devenu.

Il me confiera, que « *ce geste inconscient* » de l'époque, cette habitude, deviendra plus tard une sorte de croyance, voire de superstition. Son crayon deviendra avec le temps une sorte de talisman. Et un « *pense-moins-bête* »… qui lui rappellera en permanence l'importance de sa tâche.

Par quel objet spécifique choisiriez-vous de représenter les personnages qui ont marqué votre vie ?

J'entends décrire par le terme « personnage », les personnes qui ont eu le plus d'influence sur vous et sur votre vie.

La ou les personnes essentielles.

Posez-vous sincèrement la question.

Elle est intéressante par la portée de ses réponses et elle est beaucoup moins naïve et simplette qu'elle n'y paraît.

Car cela va plus loin que la symbolique de l'objet.

Plus loin qu'une simple caricature. Plus loin que le dialogue avec l'autre. Puisque ce sera un dialogue avec vous-même.

Un dialogue révélateur. Troublant.

Si vous le faites en toute honnêteté.

Au regard du chemin parcouru, et en recoupant quelques témoignages, de mon point de vue, c'est le combattant de l'ignorance, l'observateur pacifique, et le sage qui s'incarnent en ce crayon.

Apprendre, comprendre, admettre, évoluer, réfléchir : c'est son état d'esprit.

Guérir, soigner, améliorer la vie des gens : ce sont ses vœux pieux. J'ai senti chez cet homme, dès les premiers entretiens, une volonté de bien faire et un humanisme marqué.

J'ai aussi immédiatement identifié le médecin. Ce qui n'est pas forcément un compliment pour moi. Dans le même temps, il y a aussi en lui comme une détermination presque froide, carrée et réfléchie, qui s'incarne en « un droit au but » efficace. Qui ne s'encombre pas d'émotion. Et qui parfois, doit lui porter préjudice dans ses relations humaines.

Mon travail de biographe est de creuser. Non de juger.

Je ne dois même pas me permettre de savoir si j'aime ou si je n'aime pas. Toute la difficulté est là d'ailleurs. Et paradoxalement, je dois devenir une sorte de « confesseur », presque de psychologue, je dois à la fois savoir écouter et à la fois savoir poser des questions. De bonnes questions. Et amener, en douceur, par une sorte d'hypnotisme, presque, mon interlocuteur à se confier.

D'amener Adnan à se confier.

À lâcher prise.

À donner ses souvenirs et ses émotions au livre.

Autant qu'à les prêter à ma plume.

Mais, reprenons le cours de l'histoire et voyons ce que nous arrivons à recueillir de ses propos. Une seule chose semblait fasciner le jeune homme qu'il était, ce n'était pas la France, mais la médecine en France.

C'était pour Adnan l'Eldorado de son jeune temps.

Et pour y accéder, comme pour faire autre chose de sa vie, factuellement, il n'y avait que la Méditerranée à traverser.

Ce n'était pas si loin. Et en même temps, pour un gamin pauvre de Tripoli, c'était le bout du monde.

On a écrit des chansons pour moins que cela.

De Charles Aznavour à Jean-Louis Aubert.

Et ce pays, cet ancien colonisateur, cet ancien empire « cocardier » rayonnait encore, là-bas au Liban. Et certainement mieux qu'il n'éclairait dans ses propres frontières, c'est là encore un paradoxe poignant de notre pays. Et, des institutions et des associations françaises y avaient pignon sur rue.

C'était le cas de l'institut francophone, qui permettait avec son organisation, de préparer à l'immigration sur un temps donné, quelques jeunes gens libanais décidés à partir pour ce vieux pays de ce vieux continent. À condition cependant de réussir le fameux TCF, c'est-à-dire le test de connaissance du français.

Dans la période qui précèdera l'examen, au moment où il fait la démarche, Adnan n'avait que des rudiments de la langue en magasin. Et quelques vagues notions de la culture française, piochées çà et là, au détour d'un écran de télévision ou d'un livre. Et, pour tout dire, ce qui l'attirait vers la France, ce n'était pas sa culture, ses fromages ou ses vins.

Ni la langue de Molière. Mais la médecine.

Et comment le faire comprendre, ça ?

Comment faire comprendre aux personnes qui « examineront son cas autant que sa candidature » que le pays de destination n'est justement que la destination, l'objet, et non le but.

Parce qu'Adnan « veut faire médecine ».

Pas du tourisme !

À son époque, le système de santé français dans son ensemble passe pour être le meilleur au monde. Rien que ça.

Et, l'organisation de l'institut français lui permettra d'immigrer et de se proposer à une faculté française.

Et c'est tout ce qui lui importe.

Il fera plusieurs demandes dans plusieurs villes comme Bordeaux, Marseille ou encore Paris. Il croisera et recroisera les doigts des milliers de fois, à chaque courrier envoyé.

Tous ses espoirs passeront par une boîte aux lettres… par une simple boîte aux lettres.

Il n'a que 15 ans.

Il vit dans les quartiers pauvres de Tripoli.

Il ne sait rien ou presque de la destination qu'il choisit.

Il s'apprête à quitter sa famille.
À partir sans se retourner.
Et plus grave que tout pour lui, il n'a que deux petites années
pour s'y préparer.
Et y préparer sa famille.

IV

Le Plan

L'année de la terminale, ces démarches pleines de fougue et d'espoirs entamées deux ans plus tôt, à l'âge de 15 ans, sont maintenant achevées. Nous sommes au bout de tout ceci.

À la porte de l'immigration. Les pieds sur le seuil et la valise à la main. Il ne reste que deux épreuves à affronter et donc deux victoires à inscrire impérativement au tableau : le baccalauréat, clé de la porte de la faculté française, et le TCF, clé administrative de l'immigration.

Adnan passera sous pression, mais avec brio, les deux examens, les deux étant d'une extrême importance pour lui.

Les deux conditionnant tout le projet. Il s'offrira la première place de sa promotion au TCF et une mention au bac.

Adnan ne fait déjà plus rien par hasard.

Il inscrit déjà tous ses actes dans une logique absolue.

C'est presque scientifique.

Quinquennal.

Dans nos entretiens, je lui avais posé la question, par goût de la dérision, s'il avait à cette époque des sympathies communistes. Tant son récit était millimétré. Calculé.

J'avoue que si je ne connaissais pas aussi bien le personnage, j'aurais certainement nourri quelques doutes.

Un adolescent qui trace son avenir sur du papier d'architecte, avec une motivation incroyable pour son âge, c'est surprenant. Et plutôt rare. Et justement, cette détermination le conduira à créer deux plans quinquennaux pour son avenir, des plans précis et sans failles. Des plans qui sont censés le mener au terme de ses 10 ans d'études programmées. Et peut-être même de prolonger le combat au-delà de la date d'arrêt.

Adnan n'aime pas le hasard.

Et la chose est entendue : une fois les études faites, ce sera le retour triomphal au Liban. Et il sera riche à ses trente ans.

Et il accomplira quelque chose de grand, qui dépassera de loin un régionalisme évident. Trop évident. Il pense déjà médecine avec un grand « M ».

Et il ne lâchera rien.

Et force est de constater qu'il n'a rien lâché.

Et vous lirez jusqu'à quel point la volonté peut amener un homme à se dépasser.

Les objectifs sont donc précis et les cibles sont peintes avec soin. Les distances sont évaluées. L'angle de tir est calculé.

Adnan est réaliste, et son autopromotion est basée sur des faits, des dates et des étapes communes à tous les étudiants qui entament ce type de parcours. Il prend aussi en compte sa situation particulière, mais il n'en fera en aucun cas un alibi pour un éventuel échec.

Rien de fantaisiste là-dedans.

Rien d'irréaliste dans le schéma.

Seulement, rares sont ceux qui du principe même de leurs études font une sorte de « business plan » et surtout s'y tiennent.

Au mot près.

Mais laissons de côté, le temps de quelques paragraphes, le « pratique » et « l'administratif ». Mes questions suivantes, lors de l'interview concernant ce chapitre, s'orientent vers « l'ailleurs ». Vers le subjectif.

Vers l'émotionnel.

Nous savons ce qu'il vit à cette époque. Adnan prévoit tout cela depuis la fameuse nuit où sa maman fut en danger de mort.

Faute de soins.

Mona s'en tirera, mais il s'en sera fallu de peu.

Nous savons également que depuis cet évènement traumatisant, et surtout totalement injuste, ni l'enfant ni le jeune homme n'ont dévié de leur route.

Tout ça, nous l'avons bien compris.

Mais qu'en est-il de ses émotions ?

Car, cet intellectuel-guerrier a une vie.

Et malgré tout, elle devait être celle d'un jeune homme de son âge.

Avec famille et amis.

Et pour le moment que nous écrivons, elle était à Tripoli.

C'est ma dernière chance d'avoir des détails et de parvenir à faire voyager le lecteur. Bientôt, nous quitterons le Moyen-Orient pour la vieille Europe. Nous quitterons Tripoli pour Marseille. Et je sens que la suite sera bien intense. Qu'elle nous plongera dans une autre réalité ! Que nous connaissons ! Sans vraiment la connaître. Que nous jugeons, sans vraiment la comprendre ! Je parle ici de l'immigration.

Parce qu'en fait, nous en savons quoi, de l'immigration ?

À l'année, Adnan avait un emploi en plus du lycée, il travaillait à la boutique familiale, au souk avec son père.

Après l'école, la réalité de l'étal. Et cet été-là, ce dernier été avant le grand départ, il travaille à plein temps au commerce familial. Les études sont terminées pour le moment.

Elles ne reprendront qu'en France, à la fac. Mais Adnan ne se repose pas. Ne profite pas de ses victoires sur son destin.

Il travaille durement. Il prépare une cagnotte pour son voyage et il cherche à financer un peu plus que le billet d'avion.

Extraordinairement coûteux pour un gamin du souk !

Pour Adnan, il est évident qu'il lui faut avoir de quoi subsister entre le moment où il posera les pieds à Marseille et le moment où tout se mettra en place avec la faculté, l'ambassade et le rectorat. Il devrait avoir droit à une chambre en cité universitaire. Il devrait avoir accès au restaurant universitaire.

Et il ne compte déjà pas faire trois repas par jour. Il aura des frais. Des livres à acheter, des fournitures, des vêtements…

Et les bourses n'y suffiront pas. Comme de bien entendu.

Il devra très vite travailler à côté de ses études, comme ici, en somme. C'est prévu dans le cursus d'études de médecine, mais pas au cours de la première année. Et puis ce concours d'entrée, il faut s'y préparer et lui, c'est l'autre clé. L'autre case à cocher indispensablement. Et c'est aussi la grande inconnue. Il lui faut donc impérativement une réserve d'argent avant de partir. Et chaque billet comptera.

Car ce sera bien Marseille.

La faculté a répondu.

Les autres demandes n'ont pas abouti.

Donc, Marseille…

Et puis, ce qui est un peu rassurant, abstraitement parlant, c'est que Marseille, c'est « juste » de l'autre côté de la Méditerranée. 4 000 kilomètres à vol d'oiseau. Peut-être que par beau temps, le rêveur peut voir les côtes du Liban depuis les quais de la cité phocéenne ?

Lui, certainement, les verra.

Ça et bien d'autres choses.

Je continue à poser question sur question à Adnan.

J'ai du mal à le faire sortir de sa logique de professionnel. Combattante. Qui ne laisse que peu de place à l'émotion.

À la psychologie.

A-t-il une petite amie ?

Vit-il alors une histoire d'amour, comme l'adolescence le réclame ? Et où en est-il avec sa bonne fée Leila ?

Comment ses parents, qui voient les projets de leur fils aîné se concrétiser, réagissent-ils à tout ceci ?

Sont-ils fiers de lui ?

Ont-ils peur pour lui ?

Pour eux ?

Et lui, qui me dit ne pas avoir craint le départ, et être conscient qu'il allait enfin pouvoir vivre son rêve, le soir, lorsqu'il écoutait depuis sa chambre, la nuit, le chant du muezzin, avant l'appel à la prière, ce chant qui parle d'amour et de paix, ce même chant qui a bercé toutes les nuits de son enfance, pourquoi s'était-il dit qu'il fallait l'enregistrer, car il ne l'entendrait peut-être plus jamais ?

Et ce trou mal rebouché dans le mur de l'appartement familial, entre le salon et le balcon, cette trace d'obus, ce stigmate de la guerre ? Et ce coin téléphone, où la famille défilait, et cette table de cuisine où sa maman, la tendre Mona, veillait au quotidien sur lui et son assiette, et se rappelait à son rôle aimant et protecteur, à ce lien indissoluble entre une mère et son fils ? Cela lui manquera-t-il d'être traité comme un enfant et d'en grogner gentiment ?

Le mieux, peut-être, c'est encore de livrer ici le verbatim d'un extrait enregistré de l'un de nos entretiens :

Et je n'aurai pas la réponse de suite. J'en avais pris l'habitude. Adnan me parle d'abord de son père. Très fier. Et des larmes de sa mère. Qui a peur de ses choix. Qui ne voit rien de si positif dans le fait qu'il parte pour la France.

Au commerce, le papa vante « le fiston » et sa réussite estudiantine : « *Il est si intelligent le petit qui a bien grandi !* »

Et c'est son fils ! Ce n'est pas rien d'avoir un fils. Je le sais, j'en ai un. Et comme le père d'Adnan, cet enfant est ma fierté et le gage de la reconnaissance éternelle que je porte à sa mère. Je comprends le père d'Adnan. Il me fait sourire de tendresse. Bravache, il interpelle les clients de la boutique avec de grands gestes, il félicite son fils en public et parle à la cantonade. Adnan dira qu'il se sentait un peu gêné par l'attitude de son père. Moi, en l'écoutant, je souriais toujours à ses propos, encore épaté par la première tour en Lego que mon fils a bâtie tout seul. J'aurais aimé assister à ces scènes.

À ces scènes, car visiblement, elles se sont répétées tout l'été !

Je pose alors la question de savoir ce qu'il en était en « off » de leurs rapports père-fils, car en dehors de la galerie, la pudeur entre père et fils est quasi universelle. Il me répond :

— Pour et à cause de votre très prochaine installation en France ?

— *Surtout pour la possibilité que je ne revienne pas au pays.*

— La peur que vous finissiez par les oublier ?

— *Oui, voilà. Il ne croyait pas que je serais en mesure de les aider et il pensait que le jour où je le pourrais, je ne le ferais pas. Que ma vie m'absorberait ! Que peut-être j'aurais honte d'eux et de mes origines !*

— Votre départ avait forcément des conséquences familiales assez lourdes. Vous quittiez une fratrie et un travail. Votre destinée acquise était de développer le commerce paternel. Et de devenir le prochain chef de famille. Ou de prendre la place de votre père s'il lui arrivait malheur. Bref, d'œuvrer pour le bien de tous. Avant de réaliser vos ambitions, aussi louables soient-elles !

— *Oui, et en plus de tout ce que vous énoncez, j'ai appris un peu plus tard que le fait que je parte faire des études en France signifiait que ma famille « avait de l'argent », ceci pour les frères et sœurs de mon père. Cet appartement que je quittais en 2004, je ne le reverrai plus jamais. Cet appartement où j'ai grandi appartenait à ma grand-mère. Et mon père ne payait pas de loyer. Or, après mon départ, puisqu'il avait soi-disant les moyens d'envoyer son fils étudier en France, il pouvait bien payer un loyer… mes parents n'en avaient pas les moyens. Ils ont dû partir.*

— Une conséquence fâcheuse. Et jalouse… Vous avez culpabilisé quand vous avez appris cela ?

— Oui, quelque part, puisque dès que j'en ai eu les moyens, quelques années plus tard, j'ai acheté un appartement à mes parents. C'est quelque chose qui me tenait plus qu'à cœur… vous comprenez pourquoi…

Je cerne mieux le personnage et la situation qu'il a vécue.
Adnan est pudique et il n'a pas l'habitude de se confier.
Je le sais bien. Et je le mesure. Mais je continue sur ma lancée.
Et je me dis que le jeune homme qu'il était alors, ne devait pas être sans connaître une jeune fille qui l'avait pris dans ses filets. Et, après quelques questions orientées, il se trouve que c'était bien le cas. Pour résumer, il l'avait connue beaucoup plus jeune, en primaire. Et perdue de vue. L'ironie de l'histoire, c'est qu'elle n'habitait qu'à un pâté de maisons de son propre immeuble. Pour tout dire, il voyait l'immeuble de sa belle depuis la fenêtre de sa chambre. Et il l'ignorait jusqu'à leur rencontre fortuite dans la rue.
Peu de temps avant son départ, au final.
Cette relation était bien évidemment platonique, mais vu le contexte, cette histoire est néanmoins importante pour notre futur médecin. Au point que lorsqu'ils se rapprocheront de nouveau, Adnan trouvera le moyen de se procurer des talkies-walkies, tapant dans son capital de départ pour la France pour les acheter. Selon ses propres termes, ces radios émettrices étaient *un moyen secret et stratégique de communication.*
Toujours cette pudeur… jusque dans la formule.
Donc, nos Roméo et Juliette modernes des balcons de Tripoli échangeront la nuit, depuis leurs immeubles respectifs.

Quand les familles dorment.

J'imagine la scène.

Et je souris.

C'est une belle image.

L'histoire était secrète et pure. C'est sa confession.

Et pour tout dire, je ne l'imagine pas autrement. Perdue entre l'enfance et l'adulescence. Entre le départ et l'arrivée.

Au Liban, on ne plaisante pas avec l'honneur des jeunes filles et des familles, comme un peu partout dans le monde arabe. Comme jadis ici. Le départ d'Adnan mettra un terme à cette touchante histoire d'amour. Et comme les plus belles histoires, Adnan ne saura qu'en penser avec le temps, comme il me le dira. Elle restera précieuse pour lui très certainement. Et rêveuse. C'est ce que je lui souhaite sincèrement.

Plus la date du départ approchait et plus le climat familial devenait pesant pour lui. L'été passait vite malgré tout, et heureusement, sa tante, sa bonne fée Leila, l'encourageait plus que jamais. Elle lui offrira un livre d'histoire de France, qui ne le quittera plus. Maigre passeport dans cette France des années 2000 qui peinait elle-même à se reconnaître.

Leila lui dira de partir sans se retourner.

D'avancer.

Et de ne se soucier que de lui.

De croire en lui.

Ce sera les derniers moments qu'il passera en sa compagnie.

Il ne le sait pas encore.

La vision qu'il a alors de son futur pays d'accueil est floue.

De son propre aveu. Ce qu'il laisse derrière lui n'est pas sans le tracasser ou le culpabiliser. Mais l'avenir est plus important que le passé. Et le moment des adieux arrive.

Adnan tourne la page, non sans la relire une dernière fois.

Mais parviendra-t-il à tenir les promesses qu'il s'est faites ?

Comme à tenir les promesses qu'il a faites à sa famille ?

V

Tripoli-Marseille

Rentrée 2004. Marseille. Sortie de l'aéroport de Marignane.

Le bruit des avions couvre celui des cigales, et le pastaga tremble dans le verre, comme disait le poète.

Adnan est heureux de fouler le sol de France. Heureux de toucher enfin au but. Et heureux de descendre de l'avion…

Dans quelques jours, il rejoindra la faculté de médecine de Marseille. L'aventure l'embrasse.

L'avenir l'attend.

Et malgré le stress causé par les grands changements, malgré l'appréhension, il est heureux. Sans en être pleinement convaincu. C'est un sentiment étrange. Difficile à décrire.

Même pour l'intéressé…

Fidèle aux conseils de sa bonne fée Leila, Adnan ne s'est pas retourné.

Et depuis la sortie de l'aéroport, il regarde encore droit devant lui, encore imprégné des sensations de son vol transméditerranéen. C'était son baptême de l'air.

Il se dit en souriant que cela compte dans la vie d'un homme et que c'est une belle façon de commencer à vivre son histoire.

Il récupère ses bagages en suivant les gens qui ont l'habitude du train-train d'un aéroport. Il suit le mouvement, sans chercher à comprendre la psychologie de la foule autour de lui, sans chercher à remarquer les différences entre elle et lui.

Il se concentre sur son impatience de sortir de l'aéroport.

Il a hâte d'en terminer avec les formalités. Il veut enfin découvrir la France. Son eldorado. Ce pays qui lui permettra de réaliser son projet. De briser le cercle. Cette terre qui porte ses ambitions de jeune homme. La première phase de son projet est réussie. Le premier palier passé. C'est « *une case de cochée* » comme il prendra l'habitude de dire par la suite. Il reste pragmatique. Il refoule ses émotions. Il s'accroche à son plan comme une moule à son rocher. Il doit avancer.

Une fois sorti du grand hall d'accueil de l'aéroport Marseille Provence, Adnan cherche du regard son correspondant.

Car, il en a un !

Il scrute du regard le grand parking.

Son correspondant, c'est un de ses oncles maternels.

Et le fait qu'il le rencontre dès l'arrivée à Marseille s'est décidé un peu à la dernière minute. Sous l'impulsion de sa mère.

L'homme vit en France depuis quelques années, avec femme et enfants. Ils ne se sont rencontrés que rarement, à l'occasion des grandes réunions qui jalonnent la vie d'une famille.

C'est la guerre qui jadis l'avait chassé du Liban. Adnan ignore pourquoi. C'est lui qui dans la famille avait immigré le premier. Il ne roule pas sur l'or et sa situation professionnelle n'est pas facile. Son logement suffit à peine aux quatre personnes de sa famille. Mais Adnan n'a aucune idée des difficultés de vie de son oncle, car pour tout dire, il ne connaît rien de sa vie, ni ici, ni de celle passée au Liban. Il n'a que de vagues souvenirs des quelques douces rencontres familiales chez sa tante. Et qui remontent assez loin.

C'est son père qui a géré tout cela. Et le rendez-vous a été fixé. Et le principal, c'est qu'il soit venu le chercher, puisqu'il n'avait pas de plan « B ». De fait.

Pour Adnan, c'est rassurant.

C'est la première fois qu'il vient en France.

Et la première fois qu'il quitte son pays.

Et maintenant, une fois au but, il est impressionné.

Il parle à peine la langue, et s'il n'a pas trop de difficultés à la lire ou à l'écrire, ce qui jusque-là l'avait beaucoup aidé, ne serait-ce que pour se déplacer dans l'aéroport, il n'en est pas encore au stade où il peut tenir une conversation.

Et, d'ailleurs, il comprendra rapidement que le charmant accent du sud de la France complique les choses à souhait.

Que la langue française est riche ! Et qu'elle est marquée par toutes les influences régionalistes possibles. Et qu'elle a plusieurs « vies ». Tout comme le vocabulaire « branché » des Marseillais s'avéra être une source de migraine pour lui, du moins, dans les premiers temps.

Ici, tout est tellement différent de ce qu'il connaît…

Adnan ne se perd pas longtemps en état de contemplation. Son oncle est devant lui. Les bagages sont chargés en suivant dans le coffre de la voiture et les retrouvailles restent timides. L'oncle semble d'un naturel aussi réservé que lui.

Adnan songe un instant que ces retrouvailles auraient pu tout aussi bien se faire plus tard. Une fois que lui se serait « adapté » à sa nouvelle vie. Et que la différence entre eux aurait peut-être alors été moins marquée. L'émotion de leur rencontre passe par de brefs regards, échangés furtivement, et accompagnés de sourires timides de part et d'autre. Ils n'échangent que les banalités d'usage. Son oncle prend des nouvelles de la famille en pointillés. Brièvement mais chaleureusement.

Adnan ne pose pas de questions spécifiques. Il reste sur ses réserves. D'instinct, il sent qu'il y a une gêne. Qu'il y a quelque chose de sous-jacent qu'il ne comprend pas et qui pose problème. Aussi, il évite de jouer au « touriste » comme au « neveu ». On roule plus vite et la voiture vibre de tous ses boulons.

Le petit moteur de la Renault mouline dans les lignes droites et fume tout ce qu'il peut dans les côtes. Adnan s'interroge sur les capacités du véhicule à les mener à bon port.

Il ne connaît pas ce « modèle réduit » de voiture où il s'est embarqué. La Twingo lui paraît être un véhicule improbable.

Il a en tête les vieilles Mercedes du Liban, ces vieux diésels aux dimensions de paquebots et quelques grosses Peugeot, qui font un bruit de camion et non un bruit de tondeuse comme la Twingo. La voiture de son oncle lui paraît être un échantillon de voiture. À mettre dans le coffre pour ne pas repartir à pied en cas de panne. La conduite de son chauffeur lui paraît elle aussi étrange. Comme le foisonnement d'indications routières de tous les côtés de la route. Il ne connaissait pas ça.

Concentré sur la circulation de plus en plus intense au fur et à mesure qu'il pénètre le centre de la ville, l'oncle semble avoir totalement oublié son passager. Il marmonne beaucoup, klaxonne beaucoup et freine souvent. Brusquement.

Ce qui manque à chaque fois de propulser Adnan dans le pare-brise. La ceinture de sécurité est plus lâche qu'une corde à sauter. Son oncle s'accroche à son volant comme si sa vie en dépendait. L'autoradio en rajoute à l'étrange de la situation, en diffusant en sourdine des musiques qu'Adnan ne connaît absolument pas. Au final, il se dit qu'il préférait l'avion. Et que peut-être, circuler dans un de ces gros autobus qu'ils doublent régulièrement, ce serait beaucoup mieux. Il serre les dents et le reste.

La vie à Marseille… quoi qu'il en soit, il y est !

Les files de voitures, les rues, les monuments, tout cela n'a strictement rien à voir avec le décor qui faisait son quotidien à Tripoli. D'ailleurs, il n'ose même plus faire le parallèle entre les deux. Il repense aussi à Beyrouth, la référence urbaine du Liban, qu'il a aussi découverte pour la première fois quelques heures plus tôt. Qu'il a traversée rapidement pour se rendre à l'aéroport. Ville dévastée, complexe et grouillante.

Stigmatisée. Séparatiste. Dangereuse. Beyrouth l'a impressionné. Elle a imprimé quelque chose dans sa conscience.

Mais Marseille l'étonne.

La tentaculaire Marseille.

Labyrinthe de rues, d'avenues, de boulevards, d'arrondissements et de quartiers cosmopolites. De places et de décorum. De commerces et de marchés. Les bus, les deux roues, les voitures, tous dansent un étrange ballet autour de la Twingo de son oncle. Il se dit qu'il aura bien du mal à s'en sortir pour circuler seul dans la ville. Que l'organisation de la cité lui semble d'une complexité sans nom et qu'il se perdra cent fois avant de trouver son chemin. Il remarque cependant un certain ordre dans le vivier. La foule, tant automobile que piétonne, est disciplinée. Elle semble « télécommandée ».

Elle semble obéir à un ensemble de lois. Ce qui n'est pas le cas au Liban où tout fonctionne aux besoins ou à l'instinct. On traverse, on accélère, on passe quand on veut, comme on peut et où on veut.

La modernité de l'Europe lui saute aux yeux.

Comme ses différences.

Couleurs, vitesse, affiches, publicités, arrêts, monuments, bancs publics, mobilier urbain et pop musique depuis les haut-parleurs de la voiture l'enivrent !

Swinging Marseille !

Adnan découvre les feux de circulation.

Comme le Parisien de souche découvre un jour la mer.

Vert, orange, rouge… orange clignotant, on regarde, on s'arrête ou on passe.

Simple.

Prodigieusement simple.

Il n'y en a pas à Tripoli.

Il comprend que nombre de règles, de processus et de lois guident le comportement des gens et il comprend aussi qu'il ne les connaît pas. Alors il schématise, il interprète, il en oublie de regarder ces jeunes filles aux jambes dénudées et aux dos nus qui peuplent les trottoirs de la ville. Il ne s'occupe pas non plus de l'absence ostentatoire des signes religieux si présents dans les communautés libanaises. Il est propulsé dans un monde soudainement laïc. Il se demande comment cela est possible et surtout pourquoi c'est possible…

Il observe cette vie qui le presse de mille et une questions, tout en écoutant distraitement son oncle lui en parler.

Il s'imprègne, il reprend des tours… il a une soudaine envie de partir à la conquête de la ville, là, tout de suite, d'aller au but sans escales et sans étapes.

Il remarque que son oncle, dans son discours, tient à marquer la différence entre le Liban et la France. Il compare, critique parfois « la France des Français », se place en retrait, commente les attitudes des gens… Se sent-il français lui-même, ou se remémore-t-il ses premiers temps dans le pays pour se mettre au niveau d'émotivité de son neveu ? Adnan n'arrivera pas à trancher sur la question. Et il n'en aura pas le temps.

La voiture progresse maintenant par saccades. Soumise aux lois de la cité. Dépendante du cœur de Marseille qui donne l'impulsion à ses artères. À chaque nouveau battement de ce cœur, il en profite pour observer les autochtones un peu plus en détail. Tous ces gens sont différents. Il a l'impression que l'un ne ressemble pas à l'autre. Et cette diversité, comme cette mixité, le fascine intellectuellement. Il me confiera avoir eu ce jour-là, en cet instant précis, *le sentiment qu'il avait fait un bond en avant. Un saut dans le temps.* Qu'il s'était senti *être comme sur une autre planète* et *comme projeté dans un vortex temporel.* Je pose la question à Adnan de savoir ce qui l'a le plus interloqué dans sa première traversée de la ville. Sans hésiter, il me répond : *« Les gens qui promenaient des chiens en laisse ! Et il y en avait plein ! »* À l'époque, il me dira que ça le faisait rire. L'idée lui paraissait *totalement farfelue,* pour reprendre ses mots. *À Tripoli, on chasse les chiens à coups de pierres, surtout dans le souk. Personne ne nourrit ces animaux. Ils ne sont pas considérés comme des compagnons, mais comme des nuisibles, chapardeurs et porteurs de maladies.*

À observer cette foule, si disparate, il se demande comment il les abordera. Et si un jour, lui aussi, on le croisera au détour d'une rue promenant un chien en laisse.

Comment parviendra-t-il à nouer le dialogue avec eux ?

Avec ces Marseillais qui lui semblent appartenir à un autre monde.

Il se demande s'il parviendra à se faire accepter.

Il sent que ce ne sera pas si évident de trouver ses marques.

Qu'il lui faudra du temps !

Tout lui semble si nouveau qu'il en a presque le vertige.

S'il n'a pas vraiment peur, pourtant une certaine angoisse pointe son nez malgré tout.

Surtout quand son oncle lui annonce qu'il ne pourra pas l'héberger. Ne serait-ce qu'une nuit ou quelques jours.

Les quelques jours nécessaires pour faire la jonction avec la chambre en cité universitaire qu'il devrait normalement occuper.

Il n'y avait rien de décidé jusque-là, mais cette option faisait partie des probables.

Du plan initial.

Du fameux plan dressé pendant l'été.

Adnan jette un œil à ses deux valises qui occupent le coffre et la banquette arrière de la Twingo.

Il y a tout dedans.

Toute sa vie.

Sa jeune vie.

Il sait qu'il vit en ce moment même la première journée d'un long cycle.

Que les imprévus, s'ils ne font pas partie du plan, font partie de la réalité !

De la vie même.

Que l'on soit immigré ou pas.

Et il l'accepte.

Il a déjà en lui cette sagesse dont il ne se départira pas, et qui restera un atout précieux dans sa vie.

Qui fera sa philosophie.

Et qui contribuera à sa réussite future.

Son oncle pilote « sa tondeuse » vers le quartier de la Timone. Le quartier où désormais Adnan passera le plus clair de son temps. Comme étudiant. Carabin d'un avenir proche, déambulant dans les rues éclairées des soirs de fêtes, courant dans ces mêmes rues en journée, sautant d'un bus à un autre bus, instruit de sa ville et occupé comme tous ces gens affairés et sérieux, comme tous ceux qui semblent savoir où ils vont.

Cela viendra…

Notre jeune homme ouvre de grands yeux : on se gare à proximité de la faculté de médecine. C'est le véritable but du voyage. C'est son désir et son avenir. Son vœu pieux.

Depuis cette fameuse nuit où Mona a failli mourir aux portes d'une clinique qui l'a refusée. À cause de l'argent.

Si peu d'années passées et déjà un tel chemin parcouru !

Il touche enfin ses rêves du bout des doigts.

Si l'aéroport Marseille Provence à Marignane, perdu en pleine campagne, entouré de champs et bordé par la mer l'a laissé froid, voire même inquiet, car il pensait que l'avion se poserait à Marseille même, comme c'est le cas à Beyrouth, l'entrée de la faculté de médecine l'éblouit. Le carré ancien surtout avec ses sculptures et ses jardins à la française. Il y voit un côté napoléonien, il y reconnaît l'empire, le rayonnement d'une culture et d'une dominance qui ont longtemps régné sur une bonne partie du monde. Il se remémore des pages du livre d'histoire que lui a donné Leila.

À titre personnel, j'ai toujours été surpris par les réactions des personnes issues de ces peuples qui ont subi militairement et politiquement notre pays. Ils parviennent quand même à admirer le pays colonisateur et à le respecter.

Dans le sens inverse, en serais-je capable ?

L'état d'esprit du jeune homme est mitigé, après la déclaration de son oncle. Il redescend. Les contrariétés s'additionnent. D'abord, l'excédent de bagages dans l'avion, qui lui a coûté 75 des 200 dollars qu'il avait en poche pour son installation. L'avion, et « le cœur qui tombe » quand il décolle. La compréhension qu'il est déjà ailleurs, que chaque minute l'éloigne de ses bases et que son échelle des valeurs va devoir être réétalonnée d'urgence. Il repense aussi avec émotion aux larmes de ses parents quand il a passé le portique pour se rendre en salle d'embarquement. Ses parents qui resteront dans l'aéroport des heures après son départ. À attendre qu'il fasse demi-tour et qu'un autre avion le ramène. Qu'il renonce à ce qui devient pour eux, maintenant qu'ils sont en situation, une folie !

Une autre pensée préoccupe aussi Adnan : son petit frère. C'est lui qui était son guide et sa référence. Et, il l'avouera, il aura alors l'impression de l'abandonner, même si sa démarche est motivée pour le bien de tous, il se sent coupable.

Quelque chose m'apparaît, quand je sens l'émotion étreindre la voix d'Adnan qui pour les besoins du livre se souvient de scènes qu'il avait profondément enfouies dans sa mémoire. J'ai en tête quelques discours de certaines personnes, de leaders d'opinion, comme « on dit ». De ces gens qui pour moi représentent la peste brune. J'ai à l'esprit ces lieux communs, ces mots blessants qui parlent de l'autre, de l'immigré, de l'étranger…

Si seulement ces gens prenaient le temps de rencontrer l'autre. De le découvrir…

J'aimerais aussi voir ces personnes à l'esprit étroit vivre la même aventure dans l'autre sens. Voir s'ils s'en sortiraient aussi bien. L'Europe que nous connaissons semble solide, mais il n'y a pas si longtemps, elle a pourtant basculé dans le plus noir des chaos. Quand on a à portée de main tout ce qu'il faut, c'est facile d'oublier la réalité de la condition humaine…

VI

Faculté… d'adaptation

L'amphithéâtre de la faculté de la Timone est bondé.

C'est la rentrée universitaire. Il grouille. C'est une fourmilière.

Adnan est impressionné. Il fend la foule timidement.

Il se cherche une place discrète. Il tente de choisir et surtout de repérer l'endroit où il s'assoira toute l'année.

Sa place.

Un réflexe un peu scolaire, très certainement, mais rassurant.

Il a besoin de repères.

De ce repère en particulier.

Autour de lui, la foule est emballée façon cigarettes dans leurs paquets et les paquets sont eux-mêmes dans la cartouche, et la cartouche est elle-même au fond d'un grand sac à main que porte une de ces blondes étudiantes qui l'impressionne tant.

Il m'avouera qu'avant de venir en France, il n'avait jamais vu de blonde « en vrai ».

Et, c'est un choc.

Je peux comprendre.

Ses réflexions candides sur le sujet me font penser à la lecture des mémoires d'un peintre, Piet Mondrian, maître de l'abstraction géométrique et théosophe austère, qui découvrait lors de son séjour aux États-Unis pendant la Seconde Guerre mondiale, alors qu'il fuyait une Europe ravagée par le nazisme, « la sexualité agressive » des Américaines, « *leurs poitrines opulentes mises en valeur par des décolletés vertigineux, leurs cheveux blond platine et leurs maquillages agressifs* ». La conséquence immédiate fut qu'il passa de la sage planéité géométrique de la toile et des couleurs primaires, à quelque chose de beaucoup plus vivant ; une série intitulée *Boogie-woogie*.

Nous les hommes, pauvres diables…

Adnan, du moins dans un premier temps, n'en arrivera pas là.

Mais la vie étudiante au sens large du terme finira bien par le rattraper. Et pour tout dire, si tel n'était pas le cas, ça aurait été bien dommage, non ? On n'a qu'une jeunesse, docteur ! Les études, c'est un passage important de la vie. Quelque chose qui ne sera jamais revécu. Et par conséquent, il faut essayer de vivre à fond. Il n'y a que la jeunesse qui permet de conjuguer les excès et la réussite. Le temps passe vite.

Mais hors de ces considérations, « sensorielles et esthétiques », cette mixité n'en est pas moins totalement nouvelle pour lui.

Mixité et proximité.

Parfums de vanille et de cerise.

Gestes lents et sourires ravageurs.

Yeux de sirènes et cils battants…

C'est presque effrayant !

Songez que la laïcité affirmée de notre pays couplée avec cette mixité, cela fait beaucoup pour qui n'en a pas l'habitude.

Adnan vient d'un pays où la confession religieuse d'un individu est inscrite noir sur blanc sur sa carte nationale d'identité et où les femmes ne marchent pas librement dans la rue et où la libre fréquentation entre les deux sexes est interdite.

Pour notre jeune homme, cette liberté, ce choix et cet « incognito » ne sont pas aussi faciles à gérer que l'on pourrait le croire.

Alors, il se fait tout petit, parce qu'il a l'impression d'être un intrus et surtout le sentiment de transgresser toutes les règles.

Adnan porte de vieux vêtements, propres, mais fatigués, loin de la mode du moment. Loin du vrai chic marseillais. Loin de l'uniforme « logotypé » de l'étudiant français de base, loin de l'originalité des jeunes gens voulant impressionner et faire remarquer par leurs allures décalées « qu'ils sont différents », ou de telle ou telle communauté de pensées politiques, musicales, sociétales ou artistiques au sens large du terme.

D'ailleurs, dans sa situation, qu'aurait Adnan à revendiquer, à affirmer ou à demander ?

Et puis, je n'imagine pas le jeune homme qu'il était, être en recherche d'identité et de la tronquer dans une période « Cure » ou « Bob Marley ».

Mais ce n'est pas confortable pour lui.

Il sent « le Liban ».

Il paraît « Afrique du Nord ». « Rebeu » dit-on.

Il se sent « immigré ».

« Immigré et en retard ».

« Immigré, en retard et pauvre ».

Il se sent « voyageur dans une autre civilisation et dans une autre boucle temporelle ».

Ce sont ses mots.

Que Tripoli est loin ce jour-là !

Que son lycée est loin !

Il trouve les gens autour de lui « très beaux ».

En retour, il se trouve laid.

C'est une confession surprenante qu'il me fera, au détour d'une question. Qui ne comprend pas ce sentiment ne peut d'ailleurs pas le juger…

Quoi qu'il en soit, il est sans références.

Sa culture n'est pas la leur.

Tous ces jeunes gens sont tellement différents de lui…

Est-il encore inconscient de la largeur du fossé qu'il va devoir franchir ?

Du parcours du combattant qui l'attend et de l'emploi du temps de ministre qu'il va devoir s'aménager ?

Cependant, il ne se demande évidemment pas ce qu'il fait là.

Contrairement à un nombre respectable de ses congénères.

C'est son vœu pieux qui l'a conduit ici.

Devenir médecin.

Rien ne compte plus que cela pour lui.

Rien n'a changé et rien ne changera de ce côté-là.

En attendant, ça bourdonne dans la ruche, on s'installe, on parle fort et on chahute. Les carabins ne sont pas les plus sages. Beaucoup se connaissent, se retrouvent, s'embrassent ou se tapent sur l'épaule. Adnan, lui, ne connaît personne.

Et il aurait aimé croiser un visage connu. Par la suite, mentalement, il se fabriquera un trombinoscope. Et une sorte de « plan de table ». Pour se rassurer. Pour se donner l'impression de marcher en terrain connu.

L'amphithéâtre est immense et majestueux, il fait penser dans sa disposition, à ces lieux faits pour accueillir les débats et les votes des assemblées politiques républicaines.

Le décor aux dimensions grandioses donne de l'importance et flatte qui s'y trouve. Pour les nouveaux arrivants, pour ceux qui découvrent les lieux et qui sont inscrits dans le précieux cursus universitaire, c'est forcément impressionnant et c'est aussi le signe que leurs vies passent à une autre vitesse.

L'avenir est « maintenant » et l'étudiant qui en est conscient le touche déjà du bout des doigts.

Adnan ne comprendra pas grand-chose du cours ce jour-là, comme les jours suivants. Il parle encore mal la langue, et le bruissement continu des étudiants comme les déplacements des enseignants sur la scène sont une contrainte supplémentaire.

Il mesure en ces premiers jours l'ampleur de la tâche.

Il comprend aussi rapidement que personne ne l'aidera.

La concurrence est rude, les quotas de l'époque se résument à 300 places pour 3 000 participants. Ceci pour accéder à la deuxième année de médecine. Sans parler des quotas spécifiques pour les étrangers comme lui.

Son plus gros problème est la compréhension immédiate, ensuite viennent la prise de notes et le rythme soutenu du cours.

Il y a aussi ces fameux polycopiés à acheter et à se procurer.

Par la suite, Adnan s'achètera un petit dictaphone et sa litanie du soir sera de réécouter les discours professoraux de la journée passée et de faire des fiches qu'il apprendra par cœur, comme d'autres apprennent des poèmes pour séduire une belle ou d'autres encore apprennent des prières.

Adnan passera aussi beaucoup de temps à la bibliothèque de la faculté. Il y trouvera le complément aux cours magistraux. Car notre étudiant n'a pas en sa possession de livres de cours.

Il n'a rien « du trousseau » de l'étudiant de première année.

Si ce n'est son fameux crayon.

Et un courage et une volonté hors normes.

S'il ne reçoit pas d'aide, c'est aussi un peu de sa faute.

Il se décrira comme « frileux » et trop « réservé ».

Et puis ces étudiantes l'impressionnent.

Surtout ces blondes.

Il ne connaissait pas.

Les cheveux d'or.

Il les trouve magnifiques.

Il se sent « crapaud » auprès d'elles, assis dans la rangée. Il en reparle dans l'entretien suivant, preuve que cela l'a marqué…

N'oublions pas qu'Adnan n'a pas encore 18 ans et quelques disgrâces de l'adolescence subsistent… et qu'on soit d'ici ou d'ailleurs, le moins que l'on puisse dire, c'est que cela n'aide pas. Quoi qu'il en soit, notre petit gars de Tripoli fera le nécessaire pour entrer dans le moule. Il s'engagera dès les premiers jours dans ce qu'il appellera par la suite « *son premier marathon* ».

Voici un extrait de nos entretiens :

— En dehors des cours, quelle était votre plus grosse difficulté une fois le cursus entamé ?

— *Le logement. Je n'en avais pas… et l'argent pour survivre aussi. Pour manger… pour acheter ces fameux polycopiés… pour me déplacer entre la faculté et le CROUS (Centre Régional des Œuvres Universitaires et Scolaires)…*

— Comment ça « pas de logement » ? Dans votre situation, vous étiez normalement prioritaire pour obtenir une chambre en « Cité U »…

— *Oui, mais il fallait d'abord constituer un dossier pour ça… et c'était lié à la carte de séjour et à d'autres contraintes. Donc, le délai était minimum de 3 mois.*

— Et je suppose que l'on n'offre pas l'hôtel aux nouveaux arrivants…

— *Non pas vraiment… Une fois sur le sol français, nous sommes seuls. Personne n'est là pour nous guider. Ni pour nous aider.*

— Comment faisiez-vous alors ?

— *Les appariteurs de la fac. Le premier couloir à droite dans le hall de l'université. Je stockais mes affaires dans leurs salles et la nuit, je dormais dans le couloir. Parfois, l'un d'entre eux me laissait accéder aux chambres. Suivant les disponibilités.*

— Vous avez dû être comme au paradis lorsque vous avez enfin eu la clé de vos 9 mètres carrés réglementaires dans la poche.

— *Oh oui ! Ce n'est d'ailleurs qu'à ce moment où je me suis senti véritablement « intégré » dans le cursus universitaire, d'un point de vue matériel j'entends, car la suite ne s'est pas faite sans soucis et sans heurts. Ce que je retiens surtout de cette époque, c'est le temps perdu et les contraintes de déplacements qui me faisaient perdre un temps précieux pour mes études. Je devais chaque fois, si ce n'est tous les jours, traverser Marseille pour me rendre dans les bureaux du CROUS et faire avancer mon dossier. Au début de la décennie 2000, on ne faisait pas encore beaucoup de démarches par Internet. Il fallait « y aller ». Mais, je ne lâchais rien, je n'avais pas le choix. Je me souviens que je me sentais perdu dans la ville, j'avais toujours du mal à m'orienter. D'ailleurs, la première année, je ne suis quasiment pas sorti de l'enceinte de la faculté, tout mon temps libre, je le passais soit dans cette fameuse chambre avec mon dictaphone et mes fiches, soit à la bibliothèque. Je n'ai connu les calanques de Marseille que l'année suivante. Et le Prado seulement au bout de quelques mois en compagnie de mon oncle.*

— Et pour les finances ? Des aides ? Vos économies « libanaises » n'ont pas dû durer longtemps !

— *Des aides indirectes… de mon oncle qui me portait de temps à autre des paniers-repas… selon ses maigres moyens… ce qui me gênait autant que cela me faisait plaisir. Je n'ai jamais supporté de dépendre de qui que ce soit et encore moins d'inspirer la pitié… puis il m'a indiqué une plateforme où je pouvais donner des cours de langues arabe ou anglaise… je m'y suis inscrit très rapidement. Ça m'a aidé un peu. En tous les cas, je pouvais aller régulièrement au restaurant universitaire par la suite. Pour la chambre de cité universitaire, je touchais des APL (Aide Personnalisée au Logement), il ne me restait qu'une centaine d'euros à payer de ma poche chaque mois. Une grosse somme pour moi, à l'époque.*

Ce qui est surprenant dans le système d'intégration de l'étudiant étranger, c'est que le logement n'est pas prévu pour son arrivée. Je n'ose imaginer les galères dans lesquelles certains et surtout certaines se retrouvent à cause de ce non-accompagnement des organismes concernés. De mon point de vue, je trouve cela presque criminel. Je ne sais pas si les choses ont changé depuis. Mais, ce que je constate, c'est qu'Adnan en a gardé une certaine phobie administrative.

La bureaucratie française a cette particularité que l'un de mes philosophes préférés, à savoir Michel Colucci, met en exergue avec cette simple phrase : « *Les technocrates, si tu leur donnes le Sahara, dans les cinq ans, il n'y a plus de sable.* »

Adnan me parlera encore de la mixité, de la laïcité, des grands hommes dont les noms sont gravés sur les murs de la faculté. Il en parlera presque naïvement, il se replongera dans l'époque, ses mots seront alors ceux d'un jeune homme. Malgré la galère, les difficultés, la teneur du pari qui semblerait à beaucoup impossible, Adnan a maintenu son cap. Et plus important que tout, il a gardé son enthousiasme. Il ne savait pas qu'il passerait sa vie en France à cette époque, encore moins que son enfant y naîtrait. La décision était à l'époque de retourner vivre au Liban et d'y exercer la médecine une fois les diplômes obtenus. Et encore une fois de réaliser « quelque chose de grand ».

Et justement, pendant ce temps, au Liban, on s'inquiète pour lui. Les nouvelles seront rares dans les prochains mois et tous le savent. Le retour au pays pour les grandes vacances n'est pas encore au programme. Il ne sera d'actualité qu'à la fin de la deuxième année. La jeune fille du balcon, la prière du muezzin, le souk, sa bonne fée, tout cela s'éloigne de lui plus vite qu'il ne le voudrait.

Lui sait quel est son chemin, eux ne le savent pas.

Souvent, les proches ont plus peur pour vous que la situation ne le demande. Adnan tentera tant bien que mal de les rassurer depuis une cabine téléphonique, avec sa carte de 25 unités, quand il le pourra et surtout au rythme où il le pourra. Mais vous savez comment sont ceux qui vous aiment, n'est-ce pas ? Adnan me dira :

— J'avais les fondations de mon bâtiment à construire, dans le trou que je m'étais fait. La faculté, puis le logement, puis les petits boulots, il fallait que je parvienne à mettre tout ça en place très rapidement. Je ne me tracassais plus pour eux, je n'en avais pas le temps, d'ailleurs, il se tramait de mauvaises choses là-bas, mais je ne l'ai su que bien plus tard, lors d'un bref séjour au pays. Et depuis peu, j'avais aussi un autre objectif. En plus de réussir et d'aider ma famille. Épouser une blonde !

Et je ne nierai jamais l'utilité, personnellement, d'apprendre à rire de tout, et surtout à relativiser les choses. Cette dernière tirade inattendue d'Adnan, dans l'interview de ce jour-là, me fait encore sourire.

VII

Le retour de l'enfant prodige

Deux années se sont écoulées et elles sont passées vite.

Presque comme dans un songe.

L'entrée en troisième année de médecine est acquise.

Encore une case de cochée sur la longue liste.

Adnan est « installé » sur le sol français.

Petits boulots d'appoint, maîtrise de la « France administrative » et prévention des « galères », chambre universitaire, découverte et connaissance de la cité phocéenne…

Il parle couramment le français et il travaille toujours autant à l'exécution de son plan.

Et c'est l'été.

Adnan a la chair de poule quand l'avion atterrit au Liban.

Il serre nerveusement ses accoudoirs.

Il est fier de revenir au pays en vainqueur des premières étapes de son plan.

Fier aussi d'avoir pu se payer ce billet d'avion.

Il se répète que son intégration est réussie, qu'il a triomphé des obstacles et coupé quelques-unes des têtes de l'hydre.

Il comprend ce qui fait son quotidien et il se débrouille bien.

Il reste toujours dans sa dynamique estudiantine, il est toujours impatient de toucher au but, mais il est heureux de cette escale de quelques semaines.

Liban, ô mon Liban.

Comme pour tout expatrié, le pays des premiers jours est sacré. Par-dessus les hommes qui le peuplent, par-dessus le temps et la vie, l'amour demeure.

Songez qu'en dehors de quelques brefs échanges téléphoniques, Adnan était purement et simplement séparé des siens depuis son départ. Il n'est pas question d'ordinateur ou de Messenger, de portable ou d'aller et retour.

Encore quelques minutes, la ceinture est déjà débouclée, il n'entend pas le message du commandant de bord, il a son bagage à la main, il voyage léger, fort de son expérience passée. Les passagers se pressent dans l'allée centrale de l'avion, tous veulent maintenant fouler le sol de Beyrouth. Encore quelques formalités douanières, encore quelques pas et il voit toute sa famille qui est là ; ils trépignent, ils sont dans l'émotion, ils sont postés en rang serré derrière les parois de verre du corridor de sortie de la zone voyageur de l'aéroport.

On le guette et on l'attend.

Les embrassades sont chaleureuses.

La bouffée de bonheur presque suffocante.

Sa mère lui fait immédiatement remarquer qu'il a maigri.

Il sourit.

Il devine qu'elle lui dira ça à chaque fois qu'il reviendra au pays.

Et que même s'il grossissait de plusieurs kilos cela ne changerait rien !

Son fils ne peut pas être bien nourri sans elle.

C'est une maman.

Et c'est comme cela depuis la nuit des temps.

Son père pleure de joie.

Et de fierté.

Son fils a respecté sa parole : il est revenu.

C'est un homme.

Son frère et ses sœurs le fêtent.

C'est le retour du héros…

Les vacances s'annoncent déjà sous les meilleurs augures.

La famille quitte la foule de l'aéroport sans se retourner, laissant derrière elle ces avions de malheur, responsables de cette trop longue séparation.

Dans le taxi qui les emmène dans la rue de Tripoli où la famille vit encore, Adnan ne peut s'empêcher de regarder le balcon de l'appartement de son premier amour. Il sourit, avec toute la nostalgie dont la jeunesse est capable, à ses souvenirs enfouis depuis maintenant un peu plus de deux ans.

Que devient-elle ?

Que vit-elle ?

Pense-t-elle encore à lui ?

A-t-elle gardé son émetteur-récepteur ?

A-t-elle encore des sentiments pour lui ?

Il n'a pas le temps d'y réfléchir bien longtemps.

Le taxi a stoppé, la famille descend, et alors qu'il va descendre à son tour, son père le retient par le bras, et d'un coup, le soleil des retrouvailles se cache derrière des nuages noirs.

Le père d'Adnan, les larmes aux yeux, donne une information pénible qui engage toute la famille et par le fait, qui est liée intimement à la survie même de la famille.

Ils risquent de perdre leur logement.

Pour de sombres histoires de famille.

Du côté paternel.

Pour de la jalousie.

De la haine.

De la bêtise.

Et, Adnan comprend en quelques mots qu'il est involontairement au centre du problème. Nous en sommes ici à ce qu'Adnan évoquait plus tôt dans le livre, dans un entretien.

La nouvelle inattendue tombe durement.

Adnan y réfléchit pendant un court instant, mais il faut descendre du taxi et rejoindre les autres.

Son père est déjà sorti de la voiture.

Le soleil inonde la rue, la chaleur et la lumière de Tripoli, les parfums, les bruits et l'ambiance se rappellent à son souvenir. Son père harangue la foule des curieux qui se pressent déjà autour du taxi. Tout le quartier attendait la voiture.

Le moment l'emporte sur l'avenir, sur la peur du lendemain et sur le regard désespéré qu'avait son père quelques secondes plus tôt. Adnan jette un coup d'œil panoramique : la rue n'a pas changé, à ceci près que tout le monde le connaît maintenant. Que tout le quartier reconnaît l'étudiant d'ici qui va devenir médecin en France !

Les supporters sont nombreux, son père a encore raconté la vie de son fils à qui veut l'entendre.

Adnan cache son visage avec ses mains.

Tout à la fois gêné, amusé et un peu en colère.

Des gens le saluent chaleureusement, des gens qu'il ne connaît pas.

Il mesure ainsi l'impact de son absence, et ce, maintenant à plus d'un titre.

Il comprend aussi qu'il est le « champion » d'un espoir et d'un rêve que beaucoup caressent en secret pour leurs enfants.

Que tout ce qu'il a entrepris n'a pas d'importance que pour lui !

Arrivés dans leurs murs, l'humeur de la famille est joyeuse, les effusions sont nombreuses, ils ont tant et tant de choses à lui dire !

Tant et tant de questions à lui poser !

Les plats arrivent sur la table, on oublie les soucis, on oublie les économies, on profite des retrouvailles.

Mais sa famille n'a pas les moyens de s'organiser des réjouissances au restaurant ni de mettre totalement en pause ses activités. Il n'est pas question de sorties programmées.

Adnan se confie à ce sujet :

— Nous n'avions pas les moyens… et ce n'est pas vraiment dans la culture de la famille. Des années plus tard, à chacun de mes retours au Liban, je les emmenais pour de petites fêtes familiales dans les quartiers touristiques de la ville, j'invitais tout le monde.

— Voulez-vous nous parler de cette histoire d'expulsion de l'appartement familial ? Tout du moins des véritables raisons de cette décision. Car cela a dû entacher votre séjour, qui était le premier au bout de deux ans d'absence… C'est un peu une douche froide, non ?

— Pour faire court, disons que des tensions entre ma famille paternelle et mon père ont toujours existé. Des histoires d'argent, de jalousies, bref ce que connaissent beaucoup de familles. Malheureusement. Et le déclencheur de toute cette histoire, c'est mon départ pour la France, pour y faire des études. Pour eux, cela voulait dire que mon père avait alors les moyens de payer un loyer et de ne plus profiter de son « cadeau ».

— De son cadeau, c'est-à-dire ?

— Ma grand-mère avait de l'argent, mon père était issu d'une famille de commerçants qui avait prospéré, surtout avant-guerre, et il occupait ce logement avec femme et enfants gratuitement. Les évènements de Tripoli, de cette guerre, l'avaient privé de son premier logement. Avec ma mère, puisqu'ils n'avaient plus rien, leur logement ayant été détruit, et que je venais de naître, ils n'avaient trouvé que cette solution. « Squatter » cet appartement familial. Un dépannage qui en raison de la situation a duré dans le temps. La misère s'est installée durablement, et quand les choses ont évolué plus positivement, ce n'était pas encore suffisant pour déménager. Et acheter un bien dans le quartier était devenu totalement hors de leur portée. Or, mes études symbolisaient pour eux, pour cette famille paternelle, une réussite, une progression sociale… Qui se passait de toute charité.

— Perçue comme presque bourgeoise, cette réussite…

— C'est cela. Donc en résumé, si mes parents avaient les moyens de financer mes études en France, ils pouvaient payer un loyer.

— Seulement, vos parents ne payaient rien de vos études et ils avaient encore quatre autres enfants à charge. Votre grand-mère ne savait pas que vous vous débrouilliez tout seul ?

— Ils devaient plus ou moins en être conscients… mais, ils s'en moquaient. Le prétexte était bon. Pour eux.

Sur tous les continents que la terre nous prête, il y a des gens. Et ces gens font des familles. Et dans toutes les familles, il y a des histoires. Cela me rappelle une célèbre répartie qu'Einstein écrivit sur sa fiche de douane à son arrivée aux États-Unis : à la question du formulaire « De quelle race êtes-vous ? », il inscrivit ce simple mot pour toute réponse : « Humaine ».

Les jours suivants, Adnan ne sort guère de l'appartement.

Sa maman le met sous cloche.

Adnan retrouve son enfance.

Il entend à nouveau le chant du muezzin, chaque nuit à quatre heures, et ça lui met les larmes aux yeux…

Ce chant, il veut l'enregistrer, comme la veille de son départ pour la France. Il veut l'écouter dans sa chambre universitaire. Il veut l'emmener avec lui. C'est à ce moment que le jeune homme se rend compte du chemin déjà parcouru et paradoxalement, du chemin qu'il lui reste à faire.

Il prend aussi conscience de son attachement à son pays.

Il me confiera qu'à cette époque et encore par la suite, ses projets n'étaient absolument pas de s'installer en France définitivement.

— Il y a tant et tant à faire dans cette communauté. Cela dépasse de loin l'idéologie politique, la laïcité et les religions. Il y a toute une tranche de la population qui ne vit que dans la misère et l'ignorance. Il y a tant de structures à créer pour rendre la vie des gens plus facile et plus équilibrée. Vivant en France, je le voyais encore plus que par le passé. Le contraste était saisissant.

Voilà une réflexion d'un jeune immigré qui tord le cou à des idées reçues. Combien de fois ai-je entendu dire que les immigrés fuyaient leurs pays et leurs conditions, et qu'ils n'envisageaient que de vivre des prestations sociales du pays d'accueil et de faire venir tous les leurs pour profiter du système ?

Adnan n'est pas la première personne que je croise qui est partie de son pays et qui comptait bien y revenir un jour, formé à un métier en souffrance dans sa communauté et avec des idées progressistes dans ses valises.

Adnan restera un mois sur place. C'est peu et c'est beaucoup. Il deviendra à nouveau un enfant pendant ce laps de temps. Un petit gars de Tripoli, heureux et choyé par les siens.

Perdu entre deux sentiments, perturbé et réconforté à la fois par la situation et le comportement de ses proches. Son autonomie estudiantine sera mise en sourdine. La rupture avec sa vie marseillaise sera totale. Ce huis clos en famille lui sera bénéfique, inconsciemment, il en avait besoin.

Un retour aux sources…

Du pétrole pour le moteur de sa motivation.

Ses anciens amis sont partis, la plupart ne sont plus dans la ville, ils sont partis travailler ailleurs, ou ils sont indisponibles. Il aura donc le temps de réfléchir à l'avenir, d'ajouter des détails et des options à ses plans. Le temps de mesurer la portée de ses actes. Le temps de prendre le temps.

Par moments, il observe le balcon de sa belle enfuie dans les couloirs du temps, comme déjà une partie de sa vie.

Il la croisera, ils ne se parleront pas.

Chacun sur son trottoir.

Elle lui en veut d'être parti.

Il ne sait pas quoi lui dire.

Ainsi va la vie.

Celui qui part laisse toujours des choses derrière lui, des histoires inachevées, des désirs en forme de points de suspension, et des regrets qui se livrent bataille.

Celui qui reste change de chemin, quand l'amertume a séché au fil de la tristesse.

VIII

Chambre 529

La chambre 529, cinquième étage, côté gauche du couloir en sortant de l'escalier.

9 mètres carrés de bonheur estudiantin en cité universitaire, tantôt chambre d'études, tantôt cuisine, tantôt garçonnière.

Des amis, deux en particulier, le turbulent Nicolas et le sage Benjamin fréquentent assidûment le lieu.

L'un entraîne Adnan vers les plaisirs, l'autre le recadre.

L'un est épicurien, l'autre est sage.

La vie d'Adnan est devenue simple.

Il est étudiant, travaille comme aide-soignant, s'assure gîte et couvert. Il n'est plus question de subsistance. Il peut enfin vivre et enfin, profiter des bénéfices de son pari insensé.

De son âge.

De son statut.

De la ville.

Du soleil.

Des filles.

Et sur le sujet, non seulement il se découvre, mais en plus il découvre.

Elles.

Elles sans qui il est difficile d'être « il ».

D'être un « il » complet.

Temps béni des amours sans conséquence.

Folies passagères.

Et pour Benjamin, contrairement à Adnan et Nicolas : delirium très mince.

Mais c'est un équilibre dans un trio d'amis.

Il faut toujours quelqu'un de raisonnable pour ramener la voiture quand les autres ont trop profité.

Je comprends, au fil de l'entretien, et à force de pousser Adnan à évoquer *ses crimes de jeunesse*, que par-delà le besoin compré-

hensible de goûter aux fruits de la corbeille, il y a aussi pour lui
une phase de son fameux plan qui se complète inconsciemment
à l'époque, dans la thématique de « l'intégration ». En effet,
peut-on comprendre les autres sans vivre ce qu'ils vivent ?
Et les filles font partie du jeu.
D'ailleurs, elles ne s'en plaignent pas.
Les demoiselles se montrent curieuses de la vie d'Adnan et de
son parcours.
Curieuses de son pays.
Pour beaucoup, elles sont étudiantes comme lui et Adnan
s'amuse du fait que la plupart d'entre elles ne savent pas « *situer
le Liban sur la carte* ». Il y a beaucoup d'amitié dans tout ceci.
Beaucoup de partage et beaucoup de respect.
C'est aujourd'hui le souvenir qu'il en garde.
Et le reste n'est que plaisir volé au temps dans le respect de
chacune.
Ah qu'elles sont jolies les filles de tous pays !
La chanson n'est pas si exacte dans son refrain.
Adnan est le premier spectateur de cette nouvelle phase de sa
vie. Il n'est pas timide avec la gent féminine, mais plutôt ré-
servé et gentleman. Et il s'étonne encore de son succès.
Les boîtes de nuit ne lui plaisent pas, mais les bars des grands
boulevards, le Vieux-Port et le Prado l'ont conquis.
Les discussions et la découverte de la vraie vie marseillaise le
passionnent. Et puis, il perfectionne la langue, apprend à ne
pas rouler les « r » et s'enrichit d'un vocabulaire nouveau.
Sans excès d'alcool. Ni autre. Il boit peu et apprend beaucoup
de ces nuits.
Pour avoir vécu à l'étranger, j'ai toujours beaucoup plus appris
dans les pubs et dans les bistrots que sur les bancs d'école et je
ne parle pas du reste… je crois que ce point de vue est partagé
par le plus grand nombre. Et sans parler du fait qu'il faut que
jeunesse se passe, en contrepartie, les voyages forment la jeunesse. Et d'un certain point de vue, Adnan est en voyage.

Et puis il y a l'errance nocturne, à pied ou en voiture, c'est une autre poésie. Adnan sort donc beaucoup, écoute de la musique, est devenu sociable… bref, il s'imprègne de l'air du temps.

Et pour la première fois de sa vie, il goûte au « lâcher-prise ». Mais, avec l'aide de Benjamin et sa faculté d'adaptation comme par son immersion professionnelle en hôpital, il garde cependant bien en vue son objectif. Moins assidu que par le passé, certes, mais tout de même travailleur.

À presque 21 ans, il a du retard de certains points de vue.

Il le comblera très vite.

Mais la période ne s'éternisera pas en longueur.

C'est aussi le temps des constats, et derrière le mot, s'en cache aussi un autre, comme « désillusion ». Adnan fera un constat un peu amer. Sur l'immigration. Voici ses propos, extraits de notre entretien, qui peuvent paraître un peu naïfs, mais dont la sincérité n'est pas à mettre en doute :

— Je n'avais vraiment pas conscience de certaines choses. Par rapport à une autre forme d'immigration. Surtout au niveau des quartiers… de la délinquance et de la haine de l'autre.

— C'est un peu normal, vous viviez somme toute dans un milieu protégé. La faculté de médecine, la cité universitaire, le travail à l'hôpital, les amis du cru… nous sommes loin du rap et du shit, pour caricaturer…

— C'est vrai… Mais j'ai quand même pris une claque, un après-midi sur la plage. Et cela m'a fait beaucoup réfléchir.

— Dans quelles circonstances exactement ?

— J'étais donc sur la plage avec une amie. Nous profitions de l'après-midi. Classiquement. Au soleil. On papotait gentiment… nous avions

posé nos affaires derrière nous, à quelques mètres, à l'abri du vent et surtout du sable. Une bande de types est arrivée. Mon amie s'est renfrognée. J'ai même vu qu'elle avait un peu peur. C'était un petit groupe d'Arabes. Je ne me méfiais pas. Pour tout dire, sur l'instant, je ne comprenais pas sa réaction.

— Et que s'est-il passé ?

— Eh bien, alors que je la rassurais en lui faisant remarquer au passage en rigolant que moi aussi j'étais « arabe » et donc que je ne risquais rien, ils ont volé nos sacs. Et plus particulièrement l'appareil photo de prix de mon amie. Elle y tenait beaucoup, elle venait en plus de se l'offrir et elle ne roulait pas sur l'or.

— Comment avez-vous réagi ?

— Je n'ai rien dit. Plus parce que j'étais estomaqué que parce que j'avais peur. Au début, je n'y croyais pas, puis j'ai vu le gars, à quelques mètres de moi, exhiber l'appareil photo. Jamais je n'avais vu ça. Je ne connaissais pas le vol. Ce n'est pas dans ma culture. J'avais aussi honte. Ils étaient arabes comme moi. Et ils me volaient moi et mon amie. Lâchement, par intimidation et en bande. Et je me suis rendu compte de certaines choses ce jour-là.

— Cela paraît un peu naïf…

— Non, je vous assure, je découvrais ! Et par-dessus ça, j'ai commencé à me poser des questions par la suite sur mes « collègues » issus de l'immigration ou immigrés. Et je n'aimais pas réfléchir à ça. Et je comprenais mieux certaines réactions négatives à mon égard dues à ma couleur de peau de la part d'autres gens.

— Vous décrivez cet évènement comme en quelque sorte, une perte d'innocence. Pourtant, vous n'étiez pas sans fréquenter un minimum la communauté arabe de la ville, non ?

Adnan n'en dira pas plus. Mais, si j'ai choisi de retranscrire cet extrait de l'entretien, c'est pour montrer que tous les immigrés ne sont pas à mettre dans le même sac, n'en déplaise à certains. L'idée est reçue et bien reçue. Le vol et l'agression sont le fait d'individus qui n'ont rien à voir avec des gens comme Adnan et tout simplement les gens bien.

Le crime n'a aucune nationalité ni couleur de peau : il est universel et malheureusement sans complexe.

Adnan reviendra en « off » sur cette anecdote, et sur l'image que véhicule certaines communautés, avec une analyse franche.

Mais non différente de ce que j'évoque dans les lignes situées plus haut dans le texte. Je constate alors que son traumatisme est réel et cela encore aujourd'hui. Non digéré.

Pour beaucoup, cette histoire est banale, et je dirais même, vraiment peu traumatisante. Mais ce qu'il faut comprendre au-delà de l'anecdote, c'est ce qu'elle véhicule.

Sa désillusion profonde devant des comportements qu'il juge inqualifiables et totalement imbéciles. Notre homme est un humaniste et sa sensibilité n'est pas la même que tout le monde.

Adnan dira pour conclure, que de cette période heureuse de son parcours estudiantin, il garde les meilleurs souvenirs et des amitiés fortes. Il avait sans doute besoin de ce palier de décompression, avant de plonger dans le grand bain et de sauver des vies. Car, son but, ce qui n'a jamais varié, ce qui ne changera jamais, c'est de rendre le monde meilleur. Plus juste. Avec ses moyens.

À son échelle.

C'est aussi l'époque d'une autre critique et d'une autre désillusion. Celle du système médical français, de son modèle et de l'application de ses lois. Mais cela fera l'objet du prochain chapitre. Nous entrerons alors dans la dernière période du livre, celle qui a construit le personnage public et façonné l'homme comme l'entrepreneur.

IX

Externalité

La quatrième année est une équivalence au dur métier d'infirmier. Mais c'est aussi l'année de la « consécration ».

Le premier statut officiel du carabin. Il faut maintenant attendre la sixième année pour devenir interne. Mais c'est déjà un grand pas et la concrétisation des efforts passés.

Adnan est à l'époque très fier de ceci.

Évidemment, externe, ce n'est pas médecin et encore moins chirurgien, c'est plutôt un poste « multitâche », peu rémunéré par rapport au nombre d'heures travaillées et peu reconnu, mais indispensable au bon fonctionnement de la structure hospitalière. Un rôle à tenir et un apprentissage indispensable. Ici mieux qu'ailleurs, le terme de « cheville ouvrière » prend tout son sens.

Adnan m'expliquera que les étudiants de quatrième année sont un peu considérés comme des « grouillots », jouant aussi bien les brancardiers que les livreurs, que les aides-paramédicaux, bref, ils sont une sorte de stagiaires de la fonction à qui l'on confie cependant des vies.

Sans préparations poussées.

Sans plus d'explications que ça.

Ce qui me paraît assez surprenant…

Adnan évoquera dans son entretien le terme « d'écuries de médecine », mais nous y reviendrons un peu plus tard.

Le monde médical, vu de l'intérieur, est extrêmement complexe. C'est un microcosme qui paraît bien alambiqué au néophyte complet que je suis. L'organigramme d'une structure hospitalière est particulièrement pyramidal.

Encore plus qu'ailleurs. Il est aussi autoritaire et sans discussion. De ce que j'entends, il me paraît presque martial.

Et l'étudiant est tout en bas.

Base rocheuse taillée dans la masse. Ce n'est donc pas toujours reluisant. Et parfois ingrat. Mais, il faut bien un début à tout. Cette organisation décrite par Adnan date de loin. Elle paraît souvent stupide aux nouveaux arrivants. Mais que voulez-vous, à l'hôpital comme à l'usine, à l'école comme à l'armée, il y a des règles.

Et des pachas.

Et des ratés…

Et c'est cette dernière observation qui m'intéresse.

Je cherche donc à amener Adnan à livrer son expérience sans fard.

Sans s'autocensurer.

Car une question me travaille, encore plus que les autres : le jeune garçon libanais d'autrefois, traumatisé par l'hémorragie de sa maman enceinte de sa petite sœur, qui voit les portes de la clinique se refermer, car sa famille n'a pas l'argent nécessaire pour les soins, et qui décide cette nuit-là de devenir médecin, et qui choisit la France sur la mappemonde, car elle aurait le meilleur système de santé connu, qu'en pense-t-il sincère-ment, au bout de quelques mois passés avec les mains dans l'hémoglobine et les deux pieds sur le linoléum javellisé ?

J'ai bien peur de ne pas parvenir à amener mon interlocuteur à la vérité nue de l'expérience… au simple constat.

J'enchaîne les questions directes et indirectes, je multiplie les coups bas et les passes savantes. Mais, même s'il a beaucoup à dire, Adnan, avec la diplomatie et le tact que vous lui con-naissez maintenant, reste sur ses réserves.

J'obtiendrai cependant quelques éléments de réponses.

Mais, je me doute qu'il ne dira jamais tout.

Et qu'il gardera les anecdotes les plus « saignantes » pour lui, si vous voulez bien me passer l'expression.

D'ailleurs, il est convenu que nous n'aborderons la deuxième partie de ce livre que dans quelques mois… je me demande où il en sera alors.

Mais pour l'heure, les premières questions que je pose sont directement en rapport avec la situation sanitaire, médiatique et politique actuelle.

Je lui demande si, en 2008, lors de sa quatrième année de médecine, depuis son poste d'infirmier, la situation des hôpitaux était meilleure qu'aujourd'hui.

Je me suis documenté, avant d'attaquer la face nord de la montagne avec mon clavier en guise de piolet. Aussi je lui retrace en chiffres et en lettres, depuis le mandat de Nicolas Sarkozy jusqu'au président actuel, l'histoire et le volume de la saignée que les politiciens ont pratiquée sur les hôpitaux.

Nous évoquons aussi la fameuse « loi Bachelot », dont pour mémoire, voici les grandes lignes :

La loi HPST, dite loi Bachelot, s'attaque au système de santé au lieu de l'Assurance maladie. Le titre H du texte réorganise l'hôpital autour de communautés hospitalières de territoires. Le titre T de la loi s'occupe de l'organisation territoriale du système de santé en créant les ARS (Agences Régionales de Santé). La loi HPST, Hôpital, Patients, Santé et Territoires, est adoptée en Conseil des ministres en octobre 2008.

Puisqu'Adnan se trouve alors en première ligne, devant les conséquences de la réforme, comme fantassin appartenant à un corps franc, son témoignage me paraît intéressant.

Il m'explique que cette loi place à la direction des hôpitaux « des chefs d'entreprises » qui n'ont rien de médecins et qui transforment par le fait, l'hôpital en entreprise. Voire en usine. Puisqu'on avance dorénavant les termes odieux de bénéfices et de déficits hospitaliers !

Odieux, car à mon sens, cette entreprise humaine de salut public ne mérite pas ça.

Ceci tout en pratiquant au scalpel des coupes budgétaires assassines.

Il m'explique également que déjà à l'époque, c'est-à-dire il y a plus de 12 ans, la surcharge de travail est telle que l'on estime qu'une infirmière s'occupe en moyenne de 20 patients !

Et là, quand on lit ceci, il n'y a pas de quoi monter sur la plus haute tribune du stade pour pousser à l'aube le cri de guerre français. Et continuer à prétendre que la médecine française est la meilleure, la plus belle et la plus forte du monde.

Adnan ajoute qu'alors, le moral des troupes est au plus bas et que les généraux ne mettaient pas les pieds sur la ligne de front. Que les problèmes d'hier sont les mêmes que ceux évoqués aujourd'hui.

Bref, que la situation actuelle de crise sanitaire que nous vivons n'a rien de nouveau et que le dépassement, le débordement épidémique qui a conduit à la situation désastreuse que nous avons connue avec le Covid, n'est que la conséquence de ces décisions prises plus en avant, par des bureaucrates et des politiciens hors de la réalité du terrain.

Un ministre et son cabinet devraient être de la partie.

Non issus d'écoles et de concours de circonstances qui n'ont rien à voir avec le ministère qu'ils occupent.

Mais, je suis à mon tour idéaliste.

Utopiste.

Français, quoi…

J'avance alors l'idée que l'hôpital était d'ores et déjà en survivance, et qu'il n'envisageait plus le concept même de l'épidémie et qu'il s'était alors contenté de se battre pour son fonctionnement basique.

Adnan confirme.

Tristement.

Pourtant, à notre époque, celle de « la vie à tout prix », le paradoxe est abyssal !

Les hôpitaux ont été justement créés pour endiguer les épidémies, pour payer aussi les tristes additions de fléaux comme la guerre, la catastrophe naturelle ou l'accident.

C'est-à-dire, et dans tous les cas de figure, que sa mission première est de gérer un grand nombre de victimes en un temps réduit. Et de porter assistance à tous.

Revenons un moment sur son historique, à cette institution sur le déclin. L'histoire de l'hôpital en France commence dès le VIe siècle, mais il faut attendre le IXe siècle pour que l'hôpital au sens véritable du terme soit créé officiellement.

Il est repris au Moyen Âge par l'Église.

Il prend alors tout son sens avec les croisades qui ont pour conséquences directes l'arrivée de grandes épidémies sur le territoire. Il gèrera aussi à terme, l'accueil des pauvres et des exclus, par suite aux différentes guerres et crises qui secouent non seulement notre pays, mais aussi l'Europe entière. Charité chrétienne sur laquelle il y aurait aussi beaucoup à dire, de fait.

D'ailleurs, la médicalisation qui se met en place à la fin du XVIIIe siècle engendre un grand nombre de conflits avec le personnel religieux. Il s'agit de reprendre possession de l'hôpital et de passer de croyances à sciences, sans détour.

Tout comme l'encyclopédie ou le dictionnaire raisonné des sciences de Diderot et D'Alembert le prônait. Ce combat qu'heureusement la science gagnera va progressivement faire apparaître l'établissement de soins que nous connaissons.

Des prières et des soins sommaires à l'intelligence artificielle pour combattre le cancer, le chemin fut long.

L'hôpital est donc une structure dont la vocation première est de répondre aux phénomènes de masse, des guerres de tranchées aux bombardements massifs des populations, des épidémies de peste noire aux crises sanitaires et politiques « Covidiennes ».

Car, à en croire les différents témoignages vus, lus, et entendus depuis près d'un an, et à écouter Adnan ce jour, j'arrive inévitablement à cette conclusion : l'hôpital des années 2000 n'envisageait ni guerre, ni épidémie !

Cela n'existait plus.

J'aime l'absurde, mais pas à ce point-là. Les textes de Jarry ont de beaux jours de librairie devant eux.

Mais, cessons là de faire tribune et d'enfoncer des portes ouvertes, pour revenir à l'expérience d'Adnan en milieu hospitalier et à ses désillusions de jeune homme idéaliste quant au système de santé français. Colosse aux pieds d'argile, selon lui.

Accaparé par le privé, malade du public.

Adnan me dira sur le ton de la confession que le personnel est dévoué, majoritairement dévoué, mais que comme partout, certains de ses acteurs n'y croient plus.

Que le moral n'est pas bon !

Que le travail, plus d'une centaine d'heures par semaine, n'est pas rémunéré en conséquence, que le système pyramidal, qu'il s'applique aux soins ou au personnel, est aussi catastrophique qu'il peut être efficace, qu'il sera témoin de décès dus à des erreurs ou à des négligences ou à des protocoles de soins mal appliqués, ou à des protocoles de soins trop stricts aux procédures fossiles.

En clair et sans décodeur, comme disait mon grand-père :

« Il ne vaut mieux pas être malade quand on rentre à l'hôpital. »

Je rajouterai d'ailleurs à cette sentence, que dans la vie, entre la naissance et une possible « centenairisation », tout est une question de chance…

À cette époque, Adnan est étudiant en médecine, et pourtant il *fait des tonnes d'administratif*, il est médecin en devenir et il livre aux laboratoires les tubes, les flacons et autres prélèvements des patients façon coursier new-yorkais…

Il avouera aussi avoir très souvent enchaîné plus de 25 prises de sang en une heure…

Je l'écoute, et je me dis que je vais arrêter de fumer. Vite.

Que pouvait-on dire à ce jeune homme idéaliste à l'époque, au sujet de la « maladie hospitalière française » ?

Nous en venons aux patients, à ses rapports personnels avec eux, avec le sang, avec la mort.

C'est sans surprise… Adnan est plein d'empathie. Il me confie que le patient qu'il n'avait pas eu le temps de rassurer, il retournait le voir en fin de service pour discuter, « pour lui prendre la main ». Que la mort fait partie du décor et que le sang ne lui posait pas de problèmes, et que c'est au contraire « ces corps déchirés » qui l'ont amené à choisir la chirurgie.

J'admire, et décidément, je ne pourrais pas faire ce métier.

Surtout dans les conditions d'un travail à la chaîne imposé par une cadence démoniaque… je préfèrerais encore les usines Renault. Au moins, un pneu c'est solide… vous avez déjà essayé d'en déchirer un à la main ou d'arracher un pare-chocs de voiture ?

Il me rassure, tente de m'expliquer que « nombre d'erreurs sont dues principalement au manque de personnel et de produits de soins ».

Oui, vous avez bien lu… de produits…

Je ne suis pas plus rassuré et demain matin, j'irai faire un don du sang et j'offrirai mes plaquettes…

Puis je me constituerai une trousse de secours digne de ce nom.

Adnan me fait prendre conscience que les citoyens de ce pays devraient mettre davantage la pression aux politiques et pour une fois, faire preuve de mémoire et s'éviter une douche froide agrémentée de grêlons, comme celle de 2020, en ayant ces certitudes imbéciles sur le « meilleur système de santé au monde ». Je suis bien d'accord. C'est d'ailleurs ce que je déteste dans mon pays : ce côté « bravache ».

Usant.

Fatigant.

Et tellement loin des réalités.

Et ça ne se limite pas à la médecine, malheureusement…

X

Le temps de quelques constats

Ainsi va la vie de notre étudiant. Avec ses aléas. Les aléas d'une vie en construction. Mais, sa nouvelle position d'Externe des Hôpitaux de Marseille lui permet d'envoyer un peu d'argent chaque mois à ses parents qui en ont cruellement besoin.

Car au Liban, la situation ne s'améliore pas. La vie est de plus en plus dure. Ce qui est paradoxal, car dans le même temps ce pays semble s'ouvrir davantage à la mondialisation ces dernières années. Mais la laïcité, grande absente des évolutions, contrarie les évènements. Les anciennes croyances et les vieux systèmes paralysent le pays. La situation au Liban ne fera d'ailleurs qu'empirer, jusqu'aux récents attentats de 2020.

Adnan est assez pessimiste sur l'avenir. Il a peur pour les siens. En attendant, en cette année 2008, ses parents sont fiers de recevoir de l'aide financière de leur fils aîné, non seulement l'amour familial ne s'étiole pas avec la distance et le temps, non seulement Adnan tient ses promesses de prime jeunesse, mais en plus la tradition est respectée.

Même si sa maman trouve qu'il a beaucoup maigri.

Parmi les aléas de la vie du jeune homme, il y a aussi ces éternelles démarches liées au CROUS comme au renouvellement du titre de séjour. Il en développera une « phobie administrative ». Sa critique est vive et honnêtement, je le comprends. D'ailleurs, qui les a subies et ne le comprendrait pas ?

Pour les problèmes liés au fonctionnement du système de santé évoqués au chapitre précédent, Adnan fait avec. Il a « *le nez dans le guidon et n'a pas le temps d'analyser en profondeur* », en revanche ce qu'il sait maintenant, c'est que c'est vers la chirurgie qu'il va se diriger. Il apporte souvent son aide aux accidentés et se montre particulièrement efficace. La décharge d'adrénaline du moment lui est précieuse pour être performant. Il comprend beaucoup de choses sur lui-même dans cette période. Et comme le dit l'adage populaire : c'est au pied du mur que l'on voit le maçon.

Le travail sur le terrain s'alterne avec le travail d'études, le temps passe vite et Marseille ne dort jamais.

La réalité du monde d'Adnan devient différente d'un autre étudiant qui sévirait dans un autre domaine. Gardes de nuit, études de jour, week-ends de travail, soirées libres studieuses dans la chambre 529 ; le temps des incessantes virées entre amis est révolu.

Sauf peut-être le temps pour sa promotion de répondre à l'invitation d'une faculté de médecine dans le nord de la France. D'une faculté en plein bizutage. Ce qui ne sera pas sans conséquence. Voici un extrait de notre conversation :

— C'était donc une invitation à laquelle vous avez répondu parce qu'elle s'inscrivait dans le cursus de formation ?

— *Oui tout à fait. Mon ami Nicolas était motivé par ce genre de « voyage ». Beaucoup d'autres étudiants aussi. C'était une occasion de faire la fête, mais aussi de découvrir d'autres horizons.*

— Et donc là, qu'est-ce qu'il s'est passé ? Vous m'en avez trop peu dit au début de notre entretien. J'ai senti un malaise. Je me trompe ?

— *Non… pas du tout… disons que ce que j'ai vu là-bas m'a beaucoup fait réfléchir. Que ce fut un choc. J'ai assisté à une série d'évènements et d'agissements de « futurs confrères » qui m'ont écœuré… et déçu quant aux gens qui exerceront le même métier que moi plus tard…*

— Des évènements de quel type ?

— *Je parlerais d'orgies, de débauches alcooliques et sexuelles, de viols même…*

— De viols !

— *À partir du moment où sous prétexte d'intégration, de jeunes femmes s'obligent ou sont obligées à subir le délire de pauvres types bourrés, et qu'elles-mêmes sont dans un état second, et qu'on ne leur laisse pas le choix : j'appelle ça du viol…*

— C'est aussi mon avis… mais le phénomène est bien connu de l'opinion publique, surtout dans les facultés de médecine où ces agissements font régulièrement la une des gazettes. Certaines fois, on parle même de mutilation de cadavres pour des jeux douteux.

— *Aussi… c'est un phénomène auquel je n'ai heureusement pas assisté, mais dont on m'a parlé quelquefois…*

— On dit souvent que dans le milieu médical, le sexe est omniprésent, par rapport au fait que la mort l'est tout autant et que dans ces professions ce comportement est une sorte de « défense naturelle ». On parle aussi beaucoup du comportement de « groupie » des infirmières par rapport aux médecins… Fantasmes populaires ou pas ?

— *Je ne sais pas, c'est peut-être un peu vrai, mais de mon point de vue je ne vois pas le rapport entre mort et sexe. Cela dit, j'ai déjà entendu cet argument qui pour moi n'est pas valable. Je crois que dans les hôpitaux, comme partout ailleurs, certaines personnes ont des comportements déviants et abusent de leur position. En ce qui me concerne, je trouve que cela va à l'encontre de notre serment et de ce que cette profession demande comme moralité. Sans langue de bois.*

— Vous vous dites choqué… et vous me racontez cette histoire comme vous m'avez raconté l'anecdote de ce vol près du Prado dont vous et une amie aviez été victimes. J'ai l'impression que ces scènes de bizutage ont entraîné, comme avec cette bande de jeunes, une prise de conscience pour vous.

— *Oui, et presque une désillusion, même… mais je dois être trop optimiste sur la nature humaine… et ça ne colle tellement pas avec ce que je pense.*

— Ces agissements déplaisants autour de l'abus de substances et d'alcool, cette débauche nauséabonde, ont-ils mis en relief une différence de pensée profonde entre votre éducation orientale et la pensée occidentale ?

— *Non, mais je crois que c'était juste au niveau « humain » que les choses me choquaient. Cela dépassait mon éducation et même les enseignements religieux… la morale même… Avec du recul, je dirais que ce sont surtout mes valeurs qui ont été chahutées…*

— Une autre question, sur un autre sujet que nous avons déjà abordé au chapitre précédent, lorsque nous parlions de la loi Bachelot et de ses conséquences. Concrètement, pouvez-vous me donner un exemple des applications directes de ce grand chamboulement ? Et, les restrictions auxquelles vous avez déjà assisté à l'époque ?

— *Une des applications directes est que l'administratif a pris une place prépondérante dans l'hôpital où je travaillais et que les procédures devenaient de plus en plus compliquées. Les restrictions étaient nombreuses, mais à l'époque, à la base, nous ne mesurions pas les dégâts… Par exemple, toutes les semaines, je voyais des lits et des postes disparaître et les embouteillages devenaient déjà fréquents. Mais nous étions loin de penser que la situation empirerait encore et surtout que cette dégradation de l'outil hospitalier s'installerait dans le temps.*

… Et deviendrait une volonté politique, tous gouvernements confondus. Et pourtant, quelques années plus tard, les Français applaudiront au balcon et le pays tombera en syncope.

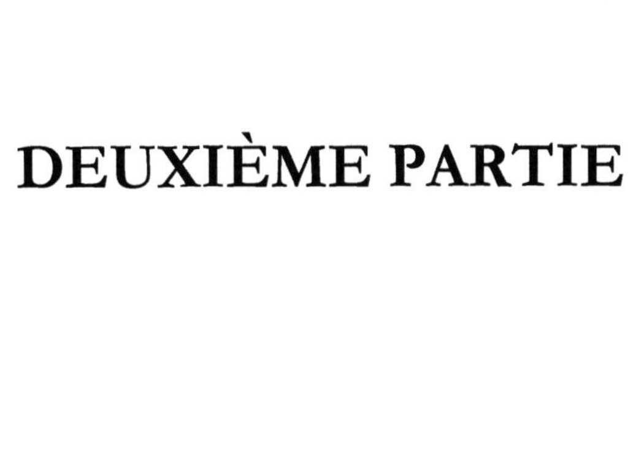

DEUXIÈME PARTIE

XI

D'un Diplôme à l'autre

Au sujet de sa formation et de ses études, comme dans la direction générale qu'il choisira, Adnan est clair dans son propos. Quand, dans l'entretien qui concerne ce chapitre, je lui parle de détailler sa formation médicale par le menu, pensant que ceci est utile au livre, il répond à ma demande en la résumant par le simple mot « opportunité ». Et de m'expliquer ensuite qu'en 2007, alors qu'il se consacre et qu'il travaille à sa troisième année de médecine, l'état propose les « LMD » dans la filière. Ce qui était à l'époque une petite révolution dans le monde médical. C'est-à-dire qu'il était désormais possible pour un étudiant en médecine d'avoir accès à des formations complémentaires et à des modules de recherche qui abordaient des aspects du métier différemment de ce qui était proposé jusque-là, sous les formes de Licences, Masters et Doctorats. Ce qui « cassait » la traditionnelle formation qui partait de l'aboutissement d'années d'études et de pratiques hospitalières pour arriver à la thèse et enfin à l'appellation de « docteur » certifiée par le diplôme.

Et Adnan était attiré par la recherche médicale, comme par l'opportunité d'amener « des choses nouvelles » dans son cursus d'apprentissage.

Il souscrivit donc au programme « avec enthousiasme », selon sa propre expression. Il me confie, de sa voix calme et posée, presque sur le ton de prêcheur, qu'il était conscient que des formations complémentaires lui seraient utiles, et que sans bien trop pouvoir le définir à l'époque, il était aussi convaincu que la médecine traditionnelle avait besoin de s'informer des nouvelles technologies comme de s'en inspirer.

Et avouera même qu'il pensait de plus en plus fortement que la médecine était en souffrance. Alors que la plupart des pratiquants du « sport » estudiantin sont obnubilés par les résultats et surtout par la date de fin d'études, notre médecin en herbe, lui, se questionne déjà, non seulement sur le devenir de la médecine en tant que telle, mais aussi sur les apports nécessaires qui seront bénéfiques à la discipline.

Penser différemment, encore une fois. Voir les choses autrement. Rester dans le questionnement permanent. Se projeter. C'est ce qui ressort de ces premières minutes d'entretien qui tourne doucement à la conférence. L'homme est un orateur, et comme tous les orateurs remarquables, il est pleinement convaincu de ses propos, d'autant, que 16 ans se sont écoulés depuis son orientation de l'époque et que donc, il a eu le temps de vérifier comme de tester, théorie et pratique.

La technologie fascine le jeune homme. Il est de son temps. Et de tous les temps, l'innovation est le propre de l'homme. Sans l'innovation, il n'y a pas de progrès. La Palice n'aurait pas mieux résumé l'idée. L'opportunité de ces modules complémentaires et l'évolution académique lui siéent.

Les sous-spécialisations, comme elles sont encore dénommées, comme la santé publique, les nouvelles technologies ou encore la recherche médicale en tant que telle, lui offrent un large champ de possibilités. Jusqu'au professorat…

Pourquoi pas cette voie ?

La multiplicité des compétences offrait un parcours nouveau, de nouvelles perspectives, jusqu'à l'enseignement.

Jusqu'à la création de nouvelles disciplines. Les inscriptions à différents masters se succèdent pour Adnan.

Rappelons qu'ils étaient 3 000 à tenter le concours d'entrée en médecine à Marseille, et que 300 seulement ont été retenus. 90 % de pertes au concours. Avec un quota de 5 % « d'étrangers ». Au résultat, Adnan était à la fois dans les 10 % et les 5 %. Situation absconse.

La discrimination positive deviendra à la mode dans ces années-là. L'impulsion politique sera motivée par l'opinion publique en plein débat avec le populisme et le nationalisme.

Mais, en interne, je me pose la question de savoir comment les professionnels, les tuteurs de diplômes et les professeurs considéraient ces étudiants étrangers.

Comme des opportunistes ?

Comme des « miraculés » du système de recrutement ?

Ou comme des étudiants à part entière, ayant reçu le feu vert académique pour tenter l'exercice ?

Comme beaucoup de gens ayant embrassé une spécialité et qui ont brigué une place dans les grandes écoles, j'ai participé à ces concours que me décrit Adnan, dans un tout autre domaine, et à une époque antérieure d'une douzaine d'années.

Je comprends d'autant plus la méfiance et l'appréhension d'Adnan quand on est conscient qu'on se retrouve dans une case. Une toute petite case, qui peut vite devenir noire parce que stigmatisée par des conditions de départ « bancales ».

Quoi qu'il en soit, Adnan fera partie des à peine 20 % d'étudiants sur les 300 de sa promotion initiale qui en troisième année cocheront des cases dans les nouveaux dispositifs « LMD » proposés.

Il me confiera également que le chiffre n'était pas surprenant. Le traditionalisme dominait. Le cursus classique, déjà lourd de temps et d'efforts, d'investissement et d'abnégation, suffisait alors à la majorité des étudiants, semble-t-il.

En soi, c'est compréhensible. Mais si cette opportunité décrite par Adnan était proposée par l'État, c'est qu'il y avait probablement une raison, et une bonne raison.

Cela voulait dire que la « République » avait certainement conscience que la médecine traditionnelle devait évoluer, et que la formation de ses acteurs de demain aussi.

Preuve en est aujourd'hui : la pénurie d'effectifs fait loi.

Et « la meilleure médecine au monde » a perdu son titre.

Ce parcours parallèle complémentaire de recherche qui s'intègre à la formation initiale de médecine est avant tout universitaire.

Adnan se voit très bien à terme, enseigner. Et surtout développer le programme sur le secteur de l'innovation. Pour le jeune homme, la tournure de ses études prend un autre chemin.

Et c'est la bonne époque. Le bon moment.

Qui pouvait dire en 2008 ce que sera la médecine de 2024 ?

Mais, si les options sont rapidement choisies et leurs applications menées à terme par notre futur entrepreneur et médecin, aujourd'hui il dresse un constat un peu amer de ses « illusions estudiantines » de l'époque.

Ce projet d'État, bien vendu, souffrait et souffre vraisemblablement encore, de beaucoup de maux. Ce qui revient dans son discours, c'est encore le phénomène « bureaucratique », la lourdeur des démarches et les voies de garage, les impasses non signalées et les manques des cursus proposés.

Il citera en exemples-titres les errances qu'il a vécues au CNRS (Centre National de la Recherche Scientifique).

Pourtant, il ne lâchera rien, et une fois de plus, il innovera, et comme vous le verrez, les répercussions iront jusqu'au Sénat.

Sur le papier dans le présentoir, la licence est obtenue par le jeu des équivalences, le master suit et le doctorat est complémentaire. L'intelligence artificielle sera le sujet. Il fera avec ces diplômes, car il ne se contentera pas d'une seule discipline complémentaire, il fera des détours dans différentes disciplines comme la médecine légale, la déontologie, le droit…

Dans ce large spectre, la santé publique l'intéressera particulièrement, sa gestion politique comme l'épidémiologie ou encore la gestion des risques et la prévention. Ouvrons une parenthèse pour faire un point aujourd'hui, sur ce qu'est la santé publique.

Qui gère ?

Quelle est sa définition ?

Je lis : « *La santé publique peut être définie comme l'étude des déterminants physiques, psychosociaux et socioculturels de la santé de la population et en conséquence par les actions menées en vue d'améliorer la santé de la population. Mais c'est aussi des "activités organisées de la société visant à promouvoir, à protéger, à améliorer et, le cas échéant, à rétablir la santé de personnes, de groupes ou de la population entière".*

C'est aussi l'intitulé d'un diplôme d'études spécialisées de la discipline médicale dont la validation permet aux docteurs en médecine d'obtenir une qualification en santé publique et d'exercer dans ce champ disciplinaire. La santé publique se démarque de la médecine essentiellement sur deux plans :

➤ *Elle met davantage l'accent sur la prévention que sur les traitements curatifs.*

➤ *Elle développe une approche de population, plutôt que de s'intéresser individuellement aux problèmes de santé des personnes, ce qui se traduit notamment par l'adjonction de compétences qui relèvent des sciences humaines et sociales et notamment de la sociologie, du droit et de l'économie. »*

Je lis ensuite que la discipline possède une classification des genres inscrite et précise, ce qui nous permet de résumer la discipline au mieux.

« La santé publique contient six domaines actuels répertoriés :

➤ *L'hygiène publique*

➤ *La lutte contre les maladies transmissibles*

➤ *La préoccupation d'autrui : administration sanitaire*

➤ *L'épidémiologie*

➤ *La sociologie*

➤ *L'économie de la santé. »*

Adnan obtiendra donc son Master en Santé Publique et Médecine Légale à la Faculté de médecine de la Timone (Université d'Aix-Marseille), entre autres. Quand on connaît le personnage, c'est sans surprise, et quand on connaît la suite de son parcours, on comprend l'importance particulière que ces diplômes comportent pour la suite de sa carrière.

Parmi les thématiques étudiées, les statistiques retiendront particulièrement son attention. Les études publiées à l'époque lui serviront tout également. Par exemple, il constatera déjà que 30 % des actes médicaux prescrits sont inutiles. 30 % ! Sainte Sécurité Sociale, cotisez pour nous…

En cause : la mobilité du patient, les « guerres de clochers » entre services, le non-suivi du dossier médical.

Cela deviendra ses chevaux de bataille.

Quand la médecine exerce à son profit et non pour celui du patient, déjà l'étudiant sortait ses griffes, et vous verrez que le médecin et le chirurgien, puis l'entrepreneur sortiront les crocs. Les statistiques mettent aussi l'accent sur les « maux de l'époque ». Cela ne lui échappe pas.

C'est presque « géographique », me confiera-t-il.

Pourquoi ici plus d'allergies chroniques, pour là plus de maladies cardio-vasculaires, pourquoi ici plus qu'ailleurs, certains types de cancer ?

J'écoute Adnan décrire par le menu ces statistiques selon lui in-dispensables dans leurs études pour contribuer à une médecine viable et efficace. Mais je pense, en réécoutant l'enregistrement de cet entretien pour rédiger ce chapitre, à de fumeux scandales révélés par des associations ou des médias.

Je songe aux nombreux dossiers faisant état des pollutions in-dustrielles sur les eaux et les terres, je liste les cas « suspects » liés à la consommation de certains produits alimentaires, aux scan-dales à répétition des médicaments pourtant approuvés par les plus hautes institutions et aux effets dévastateurs sur les patients, aux dépressions de populations régionales entières pour cause de chômage de masse, et aussi aux habitudes de consommation des régions, aux engrais, aux pesticides, au tabac, à la drogue, à l'al-cool…

Effectivement, le spectre d'études et de recherches est large…

Il me parle ensuite de l'utilité de répertorier les antécédents fa-miliaux d'un patient, d'y appliquer une méthode statisticienne, de l'importance de posséder un dossier médical personnel com-plet et de pouvoir en tant que praticien y avoir accès…

La maladie est partout où il y a de la vie, puisque la vie est conditionnée par la santé de son porteur. Mais cette évidence n'est pas acquise totalement. Elle ne l'est pas, puisqu'à l'époque, on comprenait tout juste, là-haut, tout en haut des instances concernées, que le médecin pouvait et peut-être même devait, s'affranchir des traditions séculaires de son corps de métier pour travailler avec son temps.

Qu'il devait travailler « avec » et non contre les phénomènes sociétaux croissants, comme les migrations constantes de la population sur le territoire, avec le phénomène nouveau de la surpopulation et par opposition celui de la désertification, des addictions multiples liées à la pression sociale et professionnelle et tant d'autres choses…

Avec les 20 % des étudiants de sa promotion qui ont choisi de compléter leur métier, Adnan faisait partie des pionniers du genre. C'est remarquable.

Et louable.

En tant que « client » occasionnel de la médecine, car le mot « patient » a selon moi trop perdu de son sens, je déplore que les médecins soient encore pour la plupart enfermés dans leurs chapelles. Le recours systématique aux spécialistes du médecin traitant devient oppressant. Les patients sont sur des délais d'attente inavouables et sur des contraintes, et disons-le soumis à une tarification excessive pour la plupart des bourses. Qui peut aujourd'hui ne pas intégrer, et à plus forte raison une famille entière, comme charge fixe le budget santé ?

Mais revenons aux propos de notre acteur principal : les éléments statistiques traités dans cette initiation à la santé publique lui permettent de mettre un chiffre concret sur telle ou telle pathologie contractée massivement par la population.

Adnan insistera sur cette notion durant toute cette partie d'entretien.

Il prendra l'exemple du tabac.

La médecine classique affirme qu'il est responsable de plus de la moitié des cancers du poumon.

La moitié… c'est assez flou.

La statistique de vie réelle, elle, donne un chiffre exact.

En fonction des situations des patients. De leurs environnements, de leurs antécédents et de leurs consommations.

Ce qui est selon Adnan, un « précieux et merveilleux outil » pour agir concrètement tant sur la prévention du risque que sur le traitement en termes de moyens.

Mais la réalité de la santé publique, et ce sera une autre grande déception pour notre étudiant à l'époque, c'est que ces chiffres sont interprétés la plupart du temps et surtout soumis à des décisions politiques qui peuvent émaner de différents ministères, sans forcément prendre en compte les avis des praticiens concernés d'une part, et la réalité du terrain d'autre part.

D'après lui, les éléments annoncés sont « lancés », sans plus de vérifications, et traitent d'un « global » préjudiciable au particulier. Bref, les données médicales ne sont pas utilisées comme elles devraient l'être.

Ainsi, pourquoi implanter dans des régions où le diabète est quasi nul, des centres dédiés au diabète, par exemple ?

Il cite encore des exemples, liés à l'application des statistiques, qui si elle était stricte, éviterait les dépenses inutiles, mais aussi permettrait de mieux répartir les « forces » de l'appareil médical français.

Cette gestion nationale des ressources médicales devrait être basée sur des preuves.

Mais ce n'était pas le cas.

Et ça ne l'est toujours pas.

C'est donc naturellement qu'Adnan, en cherchant à développer ses idées et voulant une meilleure compréhension du chiffre par le domaine médical, se tournera vers un autre chemin et une nouvelle inscription universitaire pour obtenir ce

Diplôme d'Études Approfondies (DEA) en sciences chirurgicales, orientation Big Data et Intelligence Artificielle.

Avec une thèse de Doctorat en e-Santé sur le partage et la structuration des données médicales pour prédire les maladies, entre autres.

Cela n'existait pas.

Adnan, lors de ses pérégrinations au CNRS et à l'INSERM (Institut National de la Santé et de la Recherche Médicale), a eu l'idée, sur la nécessité découverte, de créer un modèle mathématique à partir des statistiques médicales, dans le but de prévenir l'évolution du cancer du rein[1].

Cela débouchera plus tard sur sa première entreprise, ce qui lui permettra de comprendre et de faire évoluer cette intelligence artificielle médicale décrite. Mais nous y reviendrons en détail un peu plus loin dans le texte.

Ce qui est notable avec Adnan, c'est qu'il aime superposer les matières d'études, et n'oublions pas aussi que l'internat est une obligation au cursus. Il travaille donc comme clinicien tout au long de ses études.

La charge en devient triple.

Les stages, la faculté, les boulots de gardes comme aide-soignant, puis comme infirmier, ceci afin de faire bouillir la marmite et aider la famille « au pays », pour moins de 1 000 euros mensuels, mais « *il s'en tirait* ».

Travail. Travail. Travail.

Et travail.

Le temps n'est plus à autre chose.

La blonde aimée attendra.

Step by Step, dira-t-il.

Avec du recul, il mesure aujourd'hui l'ambition qui l'animait à l'époque.

Mais sa volonté restera la clé de ce parcours exceptionnel.

---

[1] Dr. Adnan El Bakri MD. MSc. *Prédire l'évolution du cancer avec l'intelligence artificielle*, 2021, collection Hippocrate, JDH Éditons.

Associée à sa force de travail.

Durant ce cursus, il était assez solitaire.

Peu de gens le suivaient.

Ce qui est nouveau intrigue et demande observation.

Les matières étudiées et le programme développé par Adnan, tout est nouveau.

Sans faire polémique, on s'y intéresse de loin.

Au cas par cas.

Mais, globalement, être un solitaire n'est pas un souhait pour Adnan. À l'exception de sa fiancée Marie, qu'il citera plusieurs fois sur la bande audio, cette période de sa vie sera difficile psychologiquement.

Il pestera encore contre la bureaucratie et le peu de disponibilité des professeurs, qui les deux réunis lui auront fait perdre quelques précieuses journées, « *bêtement gâchées, passées debout à attendre devant une porte, dans un couloir* ».

XII

En Conséquence

RÉPUBLIQUE FRANÇAISE

Ministère de l'Enseignement supérieur, de la Recherche et de l'Innovation

UNIVERSITE REIMS CHAMPAGNE–ARDENNE

DIPLÔME DE DOCTEUR EN MÉDECINE

Vu le décret n° 84–932 du 17 octobre 1984 relatif aux diplômes nationaux de l'enseignement supérieur

Vu l'arrêté habilitant l'UNIVERSITE REIMS CHAMPAGNE–ARDENNE à délivrer le Diplôme de Docteur en Médecine

Vu les pièces constatant que M. ADNAN EL BAKRI, né le 28 novembre 1986 à TRIPOLI (LIBAN) a soutenu avec succès, conformément aux lois et règlements, une thèse devant le jury constitué au sein de l'université et a satisfait, conformément aux dispositions réglementaires, aux contrôles et à la validation de la formation théorique et pratique.

le DIPLÔME DE DOCTEUR EN MÉDECINE

est décerné à **M. ADNAN EL BAKRI**

à compter du 29 novembre 2019, pour en jouir avec les droits et les devoirs qui y sont attachés.

Fait à Reims, le 9 décembre 2019

Le titulaire

N°   REIMS   13546903

/2019201900065

Le Président de l'Université

Guillaume GELLÉ

Le Recteur d'Académie,
Chancelier des universités

Hélène INSEL

En 2019, des années plus tard, le jury pour cette thèse, après une brillante soutenance du DEA à Paris-Saclay, sera déterminant pour ce travail de longue haleine.

Les différents diplômes universitaires et inter-universitaires sont passés avec succès (*les cases étaient cochées* dira-t-il simplement, et il ne s'étendra pas), les études sont sur le point de se terminer, dans toutes leurs applications, et Adnan a déjà créé son entreprise, exercé la médecine et quitté la médecine.

Songez alors que le challenge du jeune chirurgien était de taille comme à vocation multiple. Dans un premier temps, l'étudiant qu'il restait, malgré sa position effective de chef d'entreprise, devait « instruire » le jury de ces nouvelles technologies, mises en relief à la suite de ses travaux, puis enfin argumenter sur cette nouvelle approche de la médecine.

Dans une structure aussi académique que peut l'être la médecine, c'est un pari osé.

Dans le jury, les Professeurs et membres étaient déjà au courant de la portée, de l'originalité et de l'importance des travaux d'Adnan.

D'après lui, ce n'était d'ailleurs plus une soutenance, mais une conférence qu'il donnait.

C'était aussi la première fois que quelqu'un proposait une disruption de cette nature au sein de la faculté de médecine.

C'est ce que le jury en dira.

La deuxième rupture conventionnelle viendra aussi du fait que l'étudiant sans peur parlera des applications de ses travaux dans un cadre entrepreneurial.

Et donc par le fait non « classiquement médical », au sens où il était entendu dans ces augustes murs.

Une salle comble, un amphithéâtre complet, du jamais vu.

Plusieurs centaines de personnes assistaient à sa « performance ».
« *Il y avait même des investisseurs* », me confiera-t-il…
La séance est filmée.
Autre fait exceptionnel : ses parents ont fait le déplacement depuis le Liban. Adnan en est encore ému.
Mais malgré mes questions, je n'en saurai pas beaucoup plus.
Vous l'avez compris, cette biographie est celle d'un médecin.
Et sur la médecine, justement, Adnan a beaucoup à dire.
Et pas de temps à perdre.
Reprenons : donc pour lui, à l'instant « T », ses idées passaient et c'était le plus important. « *Je crois que je ne réalisais pas vraiment ce qui se passait pour moi et pour mon entreprise…* » dira-t-il pieusement.
La presse en parlera.
La mention sera à la hauteur de l'évènement avec l'obtention du grade académique le plus élevé, à savoir « *Très Honorable avec Félicitations du Jury* ».
L'algorithme est devenu diplôme.
Lavoisier approuvera.
Pourtant, présenter quelque chose à un jury que ce même jury connaît peu, ce n'est pas partir gagnant.
Saluons la performance : chapeau l'artiste !
Mais qu'est-ce que la e-Santé au fait ?

XIII

e-Santé !

B SMART
ADNAN EL BAKRI, FONDATEUR CEO
RÉVOLUTION DANS LA E-SANTÉ

La prédiction du cancer.

Vaste programme.

Et vaste sujet.

Tant médical que sociétal.

Tant intime que commun.

Le cancer c'est la peur de tous.

Partir d'un cancer, mourir d'une longue maladie… souffrir et se voir diminuer, fondre, pour au final disparaître.

Abriter le monstre dans son corps sans le savoir.

Depuis des décennies parfois.

Le nourrir. Le faire grandir. Le voir nous tuer sans jamais pouvoir espérer autre chose que d'en mourir.

Une hantise.

Un cauchemar.

Très commun.

C'est horrible d'y penser, et encore plus horrible de le vivre en spectateur quand un proche en est atteint.

C'est une mort qu'on ne souhaite à personne.

Quant à soi…

Je lis les statistiques publiées sur le site de la Ligue contre le cancer. Ils datent de 2018. Je frémis. Les internautes posent beaucoup de questions. J'en relève trois en principal.

La première : *Combien de Français vivaient avec le cancer en 2018 ?*

Environ 4 millions de personnes recensées.

Dont 1,8 million de femmes.

La seconde : *Combien de Français (par an et sur le territoire national) décèdent d'un cancer ?*

Total des décès par cancer en 2018 : 157 400.

Total des décès par sexe : hommes 89 600 et femmes 67 800.

S'ensuit le listage des cancers les plus « communs », dits « courants », chez l'homme, chez la femme, par tranche d'âge, les statistiques de la guérison, de la durée de vie restante…

C'est effrayant, mais c'est une réalité.
Mais quelles sont les causes du cancer ?
D'un cancer.
Professionnelles ?
Ceci dû à l'exposition d'un travailleur à des matières toxiques.
Amiante ? Plomb ? Chimie ? Manipulations lourdes ? UV ?
Matières fissiles ?
Ou bien le cancer vient-il de mon père, de ma mère, de mon
ascendance ?
Partirai-je comme le grand-père, à cause de mon estomac ?
Ou comme ma mère à cause de mon côlon ?
Nous nous posons tous d'angoissantes questions sur cette ma-
ladie. Encore plus quand on souffre d'une addiction néfaste à
long terme. Le cancer est tellement courant aujourd'hui, com-
mun, qu'il semble expliquer tout. Le diagnostic ressenti de la
médecine, en général, quand c'est « foutu » pour le patient, s'ex-
prime par ce mot pour ses proches : cancer.
Je livre là un ressentiment populaire bien connu.
Et souvent entendu.
Et il est tout aussi communément admis qu'il faut lutter
contre le cancer.
Mais comment ?
Par la recherche ?
Par la prévention ?
Les deux ?
Est-ce que cela doit devenir une priorité politique ?
Réellement ?
Mais n'y a-t-il pas une autre approche possible du sujet ?
Avec ses méthodes révolutionnaires pour l'époque, Adnan
proposait une nouvelle approche, mais aussi une investigation
de fond sur le problème.
Des faits.
Réels.

Des travaux concrets.

Et un enseignement probant tiré des résultats de ces travaux.

Et une thèse, basée sur de la recherche de haut niveau.

Pensez donc la création d'un algorithme de prédiction sur l'évolution de la maladie.

La e-Santé, c'est utiliser la technologie numérique et la mettre au service de la médecine.

Nouvelle à l'époque.

Dans le milieu médical, bien évidemment, on parlait déjà de ce qui deviendra « le phénomène » e-Santé, mais concrètement il n'y avait rien de factuel avant cette thèse, et précisons que c'était une première en France. Et Adnan insistera sur le sujet lors de notre entretien. Je ressens qu'il en éprouve une certaine fierté, certes, mais je sens aussi que le sujet le touche plus particulièrement, et qu'il le passionne encore.

Pourtant, l'eau a coulé sous les ponts.

Quoi qu'il en soit, le choc fut là. Pour tous. Le jury, les assistants, les médecins, le public, les investisseurs…

Imaginez les perspectives pour n'importe quel praticien, qu'apportaient les travaux d'Adnan. Imaginez-vous avoir accès à des algorithmes, à des données vérifiées, à des éléments de comparaison, à des sources médicales nourries en temps réel, en bref, à une aide permanente, non seulement au diagnostic, mais aussi à l'évolution possible de la pathologie. C'était nouveau et c'était la « création » de notre jeune docteur.

La recherche, le chiffre, la prévision sont des éléments présents dans des tas de domaines de compétences, à commencer par la finance et en allant jusqu'à la météorologie.

Alors pourquoi pas en médecine ?

Pourquoi ne font-elles pas vérités ces données, face aux protocoles de soins, face à des idées recluses, face à des enseignements datés ?

Le corps humain ne change pas, du moins pas réellement, même si certains reconnaissent une évolution physique, les fonctions vitales restent les mêmes. Et il n'a certainement pas changé depuis la médecine d'Esculape.

Mais la médecine, elle, a changé.

Elle a évolué.

Elle a progressé de découvertes en ingénieries.

De prothèses en greffes.

D'idée en idée.

D'outillage en outillage.

L'informatique et le traitement de données statistiques, la création d'algorithmes mathématiques, sont des outils. Comme l'ingénierie. Comme les idées. Des outils pour la médecine de demain. Vous avez sûrement déjà entendu cette phrase : « *Aujourd'hui, cela se soigne très bien.* » Peut-être, l'avez-vous même dite ?

Grâce à qui ?

Grâce à quoi, cela se soigne-t-il très bien ?

Un ancien vous dira qu'à son époque on mourait fréquemment d'une banale appendicite. Aujourd'hui, c'est bien plus rare. Un cœur greffé, c'était de la science-fiction avant un certain professeur Chabrol et l'année ô combien révolutionnaire de 1968 ! Mais en même temps, la courbe des accidents médicaux grimpe. Paradoxe…

En attendant d'aller plus avant sur la biographie d'Adnan, précisons ce qu'est le cancer. Voyons ce qui le caractérise. Regardons comment il est répertorié et communément défini.

Terminologie et étymologie du mot « cancer ».

Commençons ici. Soyons pragmatiques.

Le mot latin « cancer » est apparenté au mot grec « karkinos » qui signifie « écrevisse ».

Selon la légende, ce nom aurait été donné par Hippocrate, parce que le cancer « *a des veines étendues de tous côtés, de même que le crabe a des pieds* » et du fait que « *quand il s'est emparé d'un organe, il ne le lâche plus, de même que fait le crabe quand il s'est attaché à quelque chose* ». L'Oncologie (ou Cancérologie) est la spécialité médicale qui étudie le cancer, établit le diagnostic et applique le traitement.

Les cancers sont de plusieurs types. Théoriquement, autant de cancers seraient possibles qu'il y a de tissus humains.

Bien que l'originalité ne soit pas conseillée, notre corps peut être créatif. Même dans la maladie. Nous ne sommes pas au bout de nos surprises… Dans la langue populaire, le cancer est désigné par le terme « crabe », le plus souvent.

Je continue ma lecture : « *Le cancer est une maladie provoquée par la transformation de cellules qui deviennent anormales et prolifèrent de façon excessive. Ces cellules déréglées finissent parfois par former une masse qu'on appelle "tumeur maligne". Les cellules cancéreuses ont tendance à envahir les tissus voisins et à se détacher de la tumeur initiale. Elles migrent alors par les vaisseaux sanguins et les vaisseaux lymphatiques pour aller former une autre tumeur (métastase). Les cancers rassemblent un ensemble de pathologies très diverses de formes et de conséquences, tout en partageant cependant systématiquement un ensemble très typique de caractéristiques, quel que soit le cancer concerné.* »

Autrement dit, il peut frapper n'importe quand et n'importe qui, soit par une interaction liée à l'exposition ou à la composition de produits nocifs, soit par « génétisme ».
Seulement, on pourrait en savoir plus à partir de bases de données fiables, ce qui rejoint la santé publique et les contributions proposées par Adnan. L'environnement du patient, ses habitudes consuméristes, sa région, son âge sont autant de facteurs déterminants et ne parlons pas seulement de ses antécédents génétiques. Car ils n'expliquent pas tout. Certaines études mettent par exemple en relief certaines prédispositions génétiques du cancer qui ne favoriseraient l'apparition de la maladie qu'en cas de facteur externe.
La partie contre le crabe serait alors trop facile.
Ou du moins, évidente, et ce, quelle qu'en soit l'issue.

Et justement, je lis en suivant que « *le pronostic dépend beaucoup du stade auquel est diagnostiqué un cancer. Dans les cas les plus graves, la survie du patient est menacée, en particulier au stade dit "terminal", qui implique que le patient est condamné à mourir des conséquences directes ou indirectes de son cancer, et ceci à plus ou moins brève échéance. C'est pourquoi le dépistage du cancer doit être le plus précoce possible. Il est possible de guérir d'un cancer* ».

Mais pour cela, encore faut-il que le médecin traitant ait les références, les exemples et les chiffres selon les cas de dégénérescence du patient. Ce qu'Adnan cherche non seulement à obtenir, mais aussi à produire, puisqu'encore une fois, avant ses travaux, cela n'existait pas.

Des études concluent que seuls 5 à 10 % des cas de cancer sont uniquement attribués à des facteurs génétiques contre 25 à 30 % au tabagisme, 30 à 35 % aux régimes alimentaires, 15 à 20 % aux infections, et 10 à 25 % à d'autres facteurs environnementaux (rayons ionisants, stress, activité physique insuffisante, pollution de l'environnement). D'où l'importance de connaître le patient. Mais nous y reviendrons un peu plus tard. Adnan se montrera très engagé sur cet avis.

Cette idée, et cette vision de la santé numérique amèneront Adnan sur la voie de l'entrepreneuriat. Clairement, pour lui, l'académisme médical résonne mal avec les nouvelles technologies. Un autre facteur déterminant lui apparaîtra également assez rapidement : les moyens financiers de la médecine publique.

Quoi qu'il en soit, il a imaginé un modèle « payant », parlant et probant.

Ses travaux ont une reconnaissance mondiale.

Et des échos multiples.

L'hôpital n'en veut pourtant pas.

Un chirurgien doit rester un « chirurgien ».

L'entrepreneuriat n'est pas une vocation hospitalière.

Il résumera son ressentiment et son vécu par cette phrase : « *Je ne voulais pas être dans un moule. Je n'acceptais pas les conclusions du service public sur le sujet.* » Il avait vers lui la matière de demain, l'idée et sa concrétisation numérique, pourquoi aurait-il alors passé outre ses intimes convictions ?

Le pionnier en médecine se sera toujours heurté à l'académisme. C'est une constante.

Cette constante n'est d'ailleurs pas seulement attachée à cette discipline.

Adnan s'aperçoit alors très vite, dès ses premiers pas dans le domaine, que l'ascension de la montagne sera longue.

Et pénible. Et les conséquences de l'escalade, par l'ouverture d'une nouvelle voie, seront nombreuses.

D'ailleurs, il n'aime pas le terme de « pionnier », mais les gens le lui attribueront naturellement.

Comme je le lui attribuais lors de notre entretien.

Ce qui provoquera quelques grognements…

Il reste modeste. Il explique qu'il exploite là quelque chose qui existait et qu'il adapte dans son secteur de compétence. Il crée, mais n'invente pas, en quelque sorte. Du moins à l'entendre. Mais je préfère laisser la philosophie de côté pour poursuivre l'entretien. L'homme est très occupé et à chaque fois le temps nous est compté. J'ai quitté l'étudiant il y a quelques mois déjà, aujourd'hui je suis face au médecin. Au chirurgien. Je ne peux plus aborder les choses de la même façon. Et puis, le sujet est trop précieux. Trop précieux et trop grave pour s'autoriser des digressions. Cette biographie tourne autour du livre de médecine vulgarisé et compréhensible pour tous. Je ne crois pas que ce ne soit pas utile. Je crois même que c'est nécessaire.

Et puis, nous rattrapons peu à peu le présent d'Adnan.

Alors, comment faire autrement ?

Adnan a toujours aimé le numérique et ses applications.

Son père en est témoin, lui qui économisera sou après sou pour donner l'outil rêvé à son fils. Un ordinateur personnel.

Au Liban, dans son milieu social, c'était extrêmement rare.

Et qu'est-ce qui peut bien motiver un adolescent pour faire un tel choix, déjà à cette époque, d'une « importance vitale », selon ses propres mots ?

Beaucoup plus cher que la moto dont ses amis rêvaient ?

Beaucoup pensent qu'il n'y a pas de hasard dans la vie.

Je suis assez d'accord avec l'idée.

Je ne sais pas si les gens du quartier qui défilaient dans l'appartement de Tripoli pour voir l'ordinateur de bureau d'Adnan, le premier, objet ô combien rare dans toute la ville en 1999, en avaient conscience ?

Adnan me dira : « *J'ai toujours voulu aller de l'avant.* »

D'aussi loin qu'il se souvienne.

Qui pourra nier aujourd'hui qu'il avait tort ?

Les nouvelles technologies en médecine se heurtent donc au traditionalisme académique. Le parallèle que je vais établir est quasi religieux. Chapelle contre chapelle, traditions séculaires contre enseignements progressistes, tentatives ou essais contre sûreté des protocoles.

C'est un peu dans tous les domaines pareil, me direz-vous.

Mais, certains domaines sont pourtant essentiels.

En tous les cas, plus essentiels que d'autres.

Et ils peuvent profiter des avancées d'autres domaines.

Aujourd'hui, je n'imagine pas écrire un livre sans clavier.

Ni livrer ma copie à l'éditeur sans l'aide d'un correcteur d'orthographe.

Si j'étais chirurgien, confierais-je pourtant mon scalpel à un robot, même précis au-delà de ce que peut percevoir l'œil humain ?

Je ne sais pas.

En toute honnêteté, je ne sais pas.

Comme je remarque un engouement récent pour l'écriture artificielle…

Il y a là non seulement une barrière morale, mais aussi la peur de la machine. Il en va de même pour le chiffre en médecine.

Statistique contre cas pratique.

Expérience contre statistique.

La gageure n'est pas si simple.

Pourtant, dans notre cas, les chiffres sont aussi tirés d'exemples concrets et d'expériences pratiques.

Arrivé à ce palier, dans ses études, comme une fois les diplômes accrochés au mur, pour Adnan, le numérique et la robotique s'essaient dans le domaine. Sous l'impulsion de firmes, de chercheurs et de praticiens « pionniers ». Comme sous la demande d'investisseurs privés. Tout comme dans les institutions religieuses, la médecine académique est lente à reconnaître un phénomène nouveau d'ampleur mondiale.

L'apport des technologies empiète sur l'humain.

Sur le docteur certifié.

Sur le chirurgien déifié.

Esculape, songeur, caresse sa barbe grise, et Rodin le prend pour modèle.

La technologie robotique passera.

Le software passera-t-il ?

Entre aussi en compte le lien, la confiance entre le médecin et le patient, entre donc aussi en compte le sentiment.

L'implication du praticien. Son envie de sauver l'autre, de tenter parfois l'impossible. D'exercer son art.

La robotique, elle, met le patient à l'abri de l'erreur humaine. Sur le papier.

Elle permet aussi une précision que la main humaine ne peut atteindre dans certains cas.

Mais un acte médical, défini en tant que tel, était jusqu'ici, celui d'un homme pour et vers un autre homme.

C'est donc une période de révolution à la fois technique et déontologique que vit Adnan.

Car les enseignements traditionnels s'entrechoquent avec des réalités scientifiques, qui augurent le monde de demain.

Le monde de nos enfants qui nous comparent déjà à des australopithèques doublés de pithécanthropes mal peignés de la première période quand ils savent que nous avons été des adolescents sans téléphones portables et sans ordinateurs, et autres tablettes, « obligatoires » !

Et pourquoi pas des blocs opératoires entièrement automatisés ? Disponibles sur la simple présentation de la carte de Sécurité sociale. Avec un diagnostic directement tiré du dossier médical du « client » et de son passif comme de ses analyses récentes.

Tout est possible dans ce futur que l'on nous vend.

Songez : un ouvrier manutentionnaire qui a exercé sur ces quarante dernières années passera de la commande manuelle à la commande radioguidée, de la commande numérique à la commande tactile, et enfin à la commande orale ou « réflexive » pour piloter la même machine.

C'est vertigineux.

Et cela ne cesse de s'accélérer, puisque l'intelligence artificielle nous propose aujourd'hui la commande « intuitive ».

L'homme finira-t-il par inventer, à terme, le robot qui le remplacera en tout ?

Le software pourra-t-il résonner plus rapidement et plus efficacement, en toutes circonstances et sur tout sujet, mieux que ne le font nos « génies » de la médecine ?

Quand Adnan amène ce schéma de création et de travail au sein même de « l'obédience médicale », il choque, il questionne, il interroge.

Pour nombre de ses collègues, être chirurgien c'est opérer.

Et non taper sur un clavier.

C'est savoir.

Et non s'informer par des chiffres et des statistiques.

La prédiction, ce n'est pas un calcul savant : c'est même astral, diront les détracteurs.

C'est aussi une remise en cause du statut précieux et envié de
« médecin ». Au sens noble du terme.

Et, c'est tellement éloigné de l'enseignement de base…

Aujourd'hui, force est de constater que la radiologie, l'optique,
les assistances techniques de toutes sortes font que la machine
peut aller se substituer aux organes vitaux. Elles peuvent
maintenir la vie. Ce qui est le but avoué de la médecine.

Elles peuvent aussi remplacer l'organe défaillant.

Elles vont à l'encontre même de l'idée de sélection naturelle.

Et dépassent le simple recours « humain » depuis longtemps.

Depuis bien longtemps.

Adnan propose lui d'agir pour la prévention de la vie.

Et ce secteur n'était pas numérique.

Ni robotique.

Jusqu'ici.

Le concept même de la décision médicale et de la recherche
le passionne. Il se dit qu'il y a une faille dans le système même
de la production scientifique médicale.

Il explique :

*« Si aujourd'hui je fais une prescription, peu importe laquelle, allons du
paracétamol à la chimiothérapie, je me base sur des recherches déjà effec-
tuées, sur des articles et la plupart du temps sur des données issues des
laboratoires qui fabriquent le produit. Quand on regarde de près, très peu
d'études sont mondiales et très peu d'études sont complètes et souvent ne
relatent pas le plus important. Les données sont déjà statistiques. Mais
elles sont faites sur des nombres restreints de patients. 5 000 patients
testés sur tel ou tel médicament qui a un résultat de 80 % de réussite, il
est évident que le résultat ne sera pas le même pour 50 000 ou
5 000 000… Le 1 % létal pour une chimio par exemple, dans ce cas,
pourrait prendre des proportions autres. Un médecin va prescrire le médicament à un patient sur la base d'une réussite de ce même médicament,
à soigner le mal. Alors, pour que la statistique soit fiable, il faudrait
davantage de données collectées. »*

Il soulève aussi un autre problème, d'ordre rétrospectif celui-ci. Neuf fois sur dix, on fait des recherches à partir des archives. Et cet archivage est par le fait archaïque.

Et régional.

Et j'insiste sur le premier terme comme sur le deuxième.

Un médicament dont l'effet secondaire est indésirable pour certains patients, voire qui peut se révéler fatal, ne sera enregistré et archivé, comme statistique, que dans l'hôpital concerné. Il faudra vraiment une multiplicité de cas pour que l'information remonte aux hautes instances.

Et casse la chaîne d'exploitation financière.

J'entends cela et je frissonne.

Pourvu que je sois doté d'un organisme affreusement commun, et que je ne fasse jamais partie du 1 %.

L'originalité dans la maladie, c'est à éviter ; dans la maladie comme dans la réaction au traitement.

Sur les médicaments communs, le cas est moins frappant.

Le temps et l'usage jouent pour eux. Mais sur les particularismes, d'après Adnan, il reste beaucoup à faire et à comprendre. Il emploiera le terme « chaotique » pour décrire la gestion de ces informations. La médecine de preuves devrait s'appliquer à toutes les décisions d'actes médicaux.

C'est son credo.

Et qui mieux que le numérique, que l'intelligence artificielle, peut répondre à cette nécessité ?

Car pour être probant dans le domaine, comme sur le sujet, il faudrait une masse conséquente d'informations.

Et actualiser en permanence ces informations…

De plus, une internationalisation serait des plus nécessaires pour une médecine égalitaire. Un pays « pauvre » n'a pas accès de toute façon à ces données, même restreintes. Adnan me cite le cas de médicaments qui sont considérés comme dangereux pour certains types de patients et qui sont délivrés quand même et sans aucune mise en garde pour le patient, dans les pays africains, par exemple. L'information ne circule pas.

L'argent, vraisemblablement, si !

Pour Adnan, l'information médicale doit être continuelle et mise à jour également continuellement. Et idéalement, tout le monde devrait y participer. Les acteurs du monde médical en premier lieu, mais aussi les patients. Les sélections des sources médicales actuelles sont selon lui beaucoup trop sectaires. Tout ce qui est extérieur à ces points « élus » ou « choisis » devraient également pouvoir se connecter et devenir source d'informations à leur tour. *En tenant compte de la régionalité, comme de l'universalité,* pour le coup.

Adnan imagine et dessine un système connecté et sécurisé avançant pour le bien commun. Tenant compte de la généralité, mais aussi de la différence. Donc d'un large spectre de possibles et d'un grand faisceau de données.

Adnan prêche pour une médecine collaborative, loin des clivages et des égoïsmes.

Le manque de communication entre spécialités médicales, Adnan parle « de silo », est aussi un frein aux traitements et une hérésie selon ses observations et son expérience du métier.

Voir la médecine autrement, intelligemment.

C'est l'idée dominante de son discours.

Aller vers la médecine de preuves, de preuves suffisantes.

Le traitement de cette base de données est un projet pharaonique, mais utile. D'autres diront élyséen ! Cette confrontation des informations et des spécialistes de la discipline, des patients et des praticiens, passe par une collaboration et une collecte faite en temps réel et actualisée en permanence.

Pour résumer. Le but est d'associer et classifier les pathologies bien sûr, mais aussi d'identifier les cas et donc trouver et reconnaître les traitements adaptés. Et de sortir de l'intérêt « clinique » ou « pharmaceutique » coutumier des praticiens.

La e-Santé rend service.

Peut rendre service.

Et rendra service.

L'intelligence artificielle et les algorithmes mathématiques permettent de traiter la masse d'informations et de données qui y sont relatives. Et de sortir non la solution, mais le spectre des solutions à tel ou tel cas.

Et donc de prédire.

C'est une solution digitale révolutionnaire.

Les nouvelles technologies comme la « nano » ne sont pas de la e-Santé. On a tendance, dans le public, à confondre les deux termes d'ailleurs. Comme la robotique d'assistance médicale n'est pas de la e-Santé.

Adnan critiquera encore, dans la suite de l'entretien, la prise en charge du patient par le médecin, parlera brièvement du « trop de pouvoir » du praticien, et pestera contre le temps « administratif ». Comprenez par cette dernière expression, le temps passé par le médecin à faire de la « paperasse ». Il parlera aussi de l'archivage « papier » des dossiers médicaux, de la perte de temps et de l'obsolescence des secrétariats à retrouver ces mêmes dossiers, du suivi aléatoire des patients et de leur parcours médical en dents de scie. À l'écouter parler, décrire ses conditions de travail du temps de son exercice, j'ai l'impression de sentir la poussière et le renfermé. L'éther et la javelle.

Nous avons tous notre propre expérience de la médecine, dès le plus jeune âge, et personne de normalement constitué ne se plaît dans un hôpital, à moins peut-être d'y travailler.

Et encore.

Mais plus encore que la salle d'attente, pour le patient, le secrétariat est en soi une épreuve. Comme le temps. Le temps passé à attendre. Et le temps que le praticien ne vous consacre pas. Le phénomène, non seulement s'accroît, mais il se généralise. Pour une prise en charge médicale, un temps est donné. Des renseignements sont demandés. Un traitement est lui aussi donné. Mais, pour en arriver là, de nos jours, si vous n'avez pas les renseignements, les praticiens ne les cherchent plus : vous refaites les analyses, vous refaites les examens. Déjà faits.

Et pourtant, à tous, le temps manque.

L'absurde règne.

J'écoute Adnan, je confronte ses paroles à mes expériences personnelles et j'en arrive à rejoindre sa conclusion : le système médical français concernant la transmission de l'information et la prise en charge du patient est obsolète.

Daté.

Abscons.

Pourtant, la vie d'une personne, ce n'est pas rien…

La souffrance, ce n'est pas rien non plus…

L'archaïsme est contre-productif. Pourquoi ne pas réformer en profondeur, refondre le système et changer les mentalités ?

La médecine serait-elle prisonnière de sa propre histoire ?

C'est la question que je pose à Adnan. Il me répond que la médecine a tout de même, dans certains domaines, connu des évolutions majeures ces dernières années.

Mais, c'est dans l'approche de l'information et des informations liées au patient, dans l'organisation et dans les protocoles de soins, que le bât blesse.

Et sans mauvais jeu de mots, il semblerait qu'il y ait urgence.

Adnan, après 15 années d'études, changera de cap.

Sa mission ? Proposer et orchestrer ce changement.

Car il reconnaît qu'un praticien en exercice n'a pas le temps de mettre en place ce système.

Il note aussi que l'industrie et la politique mettent des bâtons dans les roues de ceux qui veulent « penser différemment » et surtout faire autrement.

Alors, allons-nous vers une médecine figée, prisonnière de ses propres protocoles comme des protocoles extérieurs ?

Nous parlerons de la bioéthique justement, au prochain chapitre.

« Vastitude », quand tu nous tiens.

XIV

Porte-parole, Conférences et Présidences

Personnellement, j'ai toujours admiré les personnes portées par une volonté sans faille et animées par l'idée de délivrer « un message ». Par le fait que pour elles, contre vents et marées, l'accomplissement de la tâche prime, au-delà du sacrifice, et ceci pour que passe, coûte que coûte, le message dont ils sont porteurs.

J'ai toujours été épaté par les trésors d'abnégation et d'ingéniosité que ces gens sont capables de déployer et de générer pour que vivent leurs idées.

Et j'ai aussi constaté que pour ne pas se perdre en route, ils ne devaient pas confondre sacerdoce et engagement.

Ici, la « croisade » d'Adnan pour la mise en application de son concept, n'a et n'aura rien de religieux.

C'est d'une autre foi qu'il s'agit.

Terrestre.

Réelle.

Indépendante.

Insoumise aux diktats et aux protocoles imposés par le genre.

Et apolitique.

Car précisons-le, il ne s'agit pas ici de faire voter les bleus, les blancs ou les rouges, dans l'espoir de conquérir quelques sièges et autres chaires ou honneurs académiques.

Il ne s'agit pas non plus de favoriser des copinages, ou de favoritisme de paroisse, ou d'argument électoral revendu, ni de l'acquisition plus ou moins frauduleuse d'avantages.

Non, ici la demande se fait sans étiquette.

Peu importe qui sont « les tauliers », la demande est d'intérêt public. Et doit être reconnue comme telle.

Sur le principe, déontologiquement parlant, la santé ne connaît ni religion, ni politique, ni tendance.

Enfin, disons qu'elle ne devrait pas en connaître…

Et encore moins en subir.

À ce stade de l'histoire, et nous l'avons relaté aussi bien que vous l'avez lu, Adnan a exploré le champ des possibles de son activité par le biais des études et des recherches qu'il a menées.

Il en a tiré un enseignement. Un enseignement qui lui a permis de pointer les manques de la discipline et qui l'a mené à se lancer dans ce qu'il n'a pas identifié au début comme une bataille, mais comme une exploitation du bon sens.

Simplement du bon sens.

Avec le temps, la bataille prendra des allures de croisades pour les observateurs extérieurs, ceci à cause de l'opacité, du traditionalisme et du sectarisme de la discipline médicale.

Peut-être aussi à cause du désintérêt majeur des politiques.

Peut-être aussi parce que le public souffre d'un cruel manque d'informations sur le sujet.

Pourtant, les discours et les interventions d'Adnan par rapport à cette médecine prisonnière d'elle-même, ne sont ni autosuffisants ni malveillants. Et encore moins donneurs de leçons.

Au contraire, ils sont assez positifs, puisque ses recherches l'ont conduit à l'innovation et non au renoncement ou à la dénonciation stérile du phénomène observé.

Et sans innovation, il n'y a pas de correction de la discipline ni d'optimisation du geste ni de performance du crédit.

Tout le problème est là.

Comment convaincre le plus grand nombre de l'importance de la chose proposée ?

La faillite médicale décrite par Adnan, entre la technologie et le praticien, est amorcée depuis quelques décennies déjà.

La science va bien plus vite que la musique qu'écoute le ministère de la Santé, et en conséquence, la médecine et sa chorale peinent à chanter le refrain.

L'informatique, et plus précisément l'intelligence artificielle et les logiciels de dernière génération, est utile en tout domaine. Comment imaginer travailler sans cela aujourd'hui ?

De nombreuses activités humaines en sont aujourd'hui totalement tributaires.

Alors qu'hier encore, on pensait cela impossible, ou fictionnel.

Et même si la peur de la déshumanisation de la discipline, quelle qu'elle soit, guette l'utilisateur, il faut pourtant parvenir à en mesurer le bénéfice.

Et même si l'outil est compliqué à mettre en place comme à appréhender pour son utilisateur, il faut pourtant bien avancer.

Dans ses propos, Adnan pointe l'utilité et surtout la nécessité de l'outil pour une médecine qui serait non seulement plus équitable, mais aussi plus efficiente.

Et paradoxalement plus humaine. Puisque répondant à plus de critères « personnels », tant dans l'environnement du malade, que dans son passé médical, que dans sa pathologie en soins.

L'idée séduira.

La médiatisation de l'idée, comme il le précisera dans nos entretiens, était « *un mal nécessaire* ». Car les lectures et résultats d'Adnan tonneront dans le landerneau médical.

Le sujet finira par intéresser les acteurs de l'information et les médias pour deux raisons principales : il est nouveau et surtout, il est de portée universelle.

Il embrasse aussi des polémiques politiques, philosophiques et religieuses récurrentes dans le débat public.

N'oublions pas ce qu'implique le terme de Bioéthique.

Nous y arriverons d'ailleurs dans quelques pages.

L'effet boule de neige des interventions publiques d'Adnan fera au résultat, que le Sénat ou l'Assemblée nationale ou encore le Comité Consultatif National d'Éthique pour les sciences de la vie et de la santé (CCNE), s'intéressera enfin sérieusement au sujet du concept (nouveau) de la collaboration médicale avec l'intelligence artificielle.

Ce sera la première victoire.

L'aboutissement de la gestation du concept.

Dont Adnan El Bakri est le porteur.

Dont le Docteur El Bakri est le pionnier reconnu, et parfois, bien malgré lui.

Comprenez que l'ampleur de la tâche est énorme.

Il faut tout inventer, tout créer de A à Z pour une utilisation concrète de la méthode.

Du fait, il devient porte-parole du « mouvement » qu'il a largement contribué à générer. Et il en portera sur ses épaules la responsabilité publique, comme le devenir, comme à terme « l'exploitation entrepreneuriale ».

L'intérêt des publics s'élargira et ira en grandissant comme le message se diffusera largement. Apportant une certaine notoriété à Adnan. Utile dans certains cas et préjudiciable dans d'autres. Et réveillant au passage quelques démons endormis.

Nous en reparlerons dans la troisième partie de ce livre.

Car là aussi, il y a beaucoup à écrire.

À ce stade du récit, il est assez difficile pour qui ne connaît pas bien le milieu médical, de mesurer l'impact du concept « vendu » par Adnan. Et donc les contrariétés qu'il suscitera.

Quoi qu'il en soit, pour notre détenteur *du concept novateur de la collaboration médicale avec l'intelligence artificielle*, une certaine percée se fait.

Mais cette notoriété pourra-t-elle à terme, « servir utilement la cause » ?

Avant d'en arriver là, revenons un peu sur le contexte de ces moments forts et sur celui de leur époque, comme sur la perception par l'opinion publique et par les professionnels du secteur médical, toutes catégories confondues, du concept du docteur El Bakri sur l'intelligence artificielle collaborative et son apport bénéfique à la médecine moderne.

XV

Le Cancer, la Médecine et Vous

Et justement, cette opinion publique évoquée précédemment, nous en faisons partie. Je suis un citoyen lambda, avec une famille à charge, des parents âgés et un parcours médical personnel.

J'ai vu tout au long de ma vie, comme un bon pourcentage des lecteurs de ce livre, des proches, parents, amis, collègues, ou relations, partir subitement ou non, mais au final, se faire emporter par le « crabe ».

J'ai été, comme un même pourcentage non négligeable de la population, sollicité pour donner de l'argent à la recherche, comme j'ai été sollicité pour le dépistage.

Comme j'ai été sensibilisé à l'existence de ce fléau.

Comme à sa fréquence.

Comme à ses conséquences.

Et pourtant, j'évite autant que faire se peut, tout cabinet médical, sauf cas d'urgence ou « panique hémorragique ».

Et pourtant, le slogan « la recherche avance » ne me rassure pas et ne m'a jamais rassuré.

Cette peur n'est pas irraisonnée, fantasmagorique ou le produit d'un stress quelconque.

Elle n'est pas franche non plus.

Non, cette peur, c'est une « mauvaise conscience travaillée ».

Parce que je prends des risques pour ma santé au profit de l'épicurisme par exemple. Fumer, boire et manger gras.

Négliger l'activité physique.

Trois vecteurs de cancer.

Nous le savons tous.

Mais nous nous disons que demain sera un autre jour.

Que la vie est courte !

Qu'il faut bien en profiter !

Que se faire plaisir c'est aussi prendre soin de soi !

Seulement, au bout du compte, nous avons mauvaise conscience, comme un élève qui vient en classe sans avoir fait ses devoirs et qui craint d'être appelé au tableau par son professeur. Parce que nous savons que ces pensées, moralement satisfaisantes sur l'instant, ne tiennent pas la route sur le long terme.

Par rapport au cancer, nous en sommes là, en majorité.

Ce que je livre ici, c'est le résultat d'une statistique personnelle tirée elle-même d'un sondage réalisé sur mes proches et mes relations. Pour le cancer, le sein, le côlon, le foie, l'estomac, les poumons viennent en force dans son énumération.

Ces cancers font peur.

Alors on croise les doigts en les évoquant.

On brûlera un cierge la semaine prochaine.

On espère que « non », que « jamais »…

Certains prient ou jettent du sel par-dessus leur épaule…

D'autres ignorent superbement le risque.

Comme d'autres ont déjà pris des décisions relatives à l'éventuelle situation : « Si ça m'arrive, je ne veux pas d'acharnement thérapeutique. »

J'ai même entendu récemment : « Si le diagnostic est sans appel, je règle mes affaires, je fais mes adieux et j'en finis dignement. » Tout le monde a sa petite idée sur la question du « quant à la suite ».

Dans le discours des personnes interrogées sur le sujet, le mot « guérison » apparaît très vite, mais il est souvent suivi de près par le mot « récidive ». Ceci est d'ailleurs un indice d'enquête assez précieux concernant l'optimisme des gens au sujet de l'efficacité de la médecine moderne sur le phénomène du cancer.

Déficit de confiance, ou pessimisme ?

Résultats d'expérience ?

D'autres personnes, plus rares, tout à l'inverse, font aveuglément confiance à la médecine. J'entends : « Aujourd'hui, on guérit de presque tout. » Ou bien : « Ils font des progrès tous les jours. Hier encore on mourait d'une grippe. »

Hier…

Mais demain ?

L'épidémie de Covid a pourtant montré les limites du système médical… et pas seulement de celui du système français.

Ne soyons pas chauvins !

Plus que tout autre chose, le facteur déterminant pour une conduite et une hygiène de vie où les risques sont minimisés, c'est l'ascendance. « *Papa est parti d'un cancer de la prostate. L'oncle aussi. Grand-père non, mais son frère, on n'a jamais bien su de quoi il est mort… alors j'essaie de faire ce qu'il faut faire…* ».

Là, le patient est généralement plus « alerté » sur le risque. Et il en vient à précéder son propre suivi médical par sa demande. « *Il paraît que dans la famille côté maternel, le cancer du sein a fait des ravages. Je devrais consulter.* »

Cette dernière phrase je l'ai entendue deux ans avant l'ablation du sein gauche de cette proche personne. Qui malheureusement, ne s'est pas fait rappeler la chose par son médecin généraliste.

Comme on dit, le temps passe vite d'hier en demain…

S'il y a une trace de risque (quand et s'il y en a une dûment notifiée), le médecin traitant sera amené à faire faire les examens à son patient (si le patient reste un certain temps dans la patientèle du cabinet). Si des spécialistes sont disponibles dans un délai raisonnable.

Ça fait beaucoup de « si ».

La démarche en devient aléatoire.

Alors que la maladie, elle, ne l'est pas.

Alors que le risque devrait être immédiatement identifié.

Et anticipé.

Par n'importe quel praticien.

Adnan avec sa méthode pointe du doigt ces failles qui sont évoquées ici. Et en plus, propose non pas de suivre l'évolution de la maladie si malheureusement elle se déclare, mais de prédire son évolution. Nous y reviendrons en détail dans la troisième et dernière partie de ce livre.

Quand on étudie un peu les protocoles et méthodes de prescription, la médecine apparaît brouillonne dans la prévention et le dépistage. Les spécialistes passent pour être disparates, les coordinations entre médecins traitants et spécialistes sont soumises à caution, les patients se déclarent souvent mal informés sur les tenants et les aboutissants des soins.

Comme on peut constater que la profusion inutile de soins médicaux répétitifs et universels comme les dépistages (inutiles dans certains cas, parce que prescrits par manque d'informations), ne sont pour le patient que perte de temps, d'argent et contraintes stressées.

Plus un diagnostic est flou, plus le patient doute.

Et il en viendra même à douter des compétences du praticien.

Et de l'honnêteté du médecin.

Personnellement, je ne propose rien, et je n'ai d'ailleurs pas de solution miracle à offrir. Ce n'est pas mon domaine.

Et ce n'est pas dans mes compétences.

En revanche, j'écoute attentivement Adnan, et je me propose d'apporter ma pierre à l'édifice en reportant sa parole sur ces pages. Pour tenter de faire comprendre au public, que l'informatique moderne, les données de vie réelle, la coordination des services médicaux et des informations qui y sont relatives permettraient seulement ceci : de la cohérence dans le système. De la cohérence et une évaluation des risques beaucoup plus probante.

Et pardonnez-moi d'insister au risque de me répéter.

Des prédictions et des analyses réelles qui prennent en compte tous les vecteurs convergents vers le patient.

Situation sociale, antécédents médicaux, ascendance, descendance, hygiène de vie, lieux de vie, statistiques relatives aux premiers symptômes… etc.

C'est ce que l'opinion publique a perçu dans les travaux du docteur El Bakri. Je vous livre là le retour commun de ce que j'ai pu lire et entendre sur le sujet.

Et la notoriété vient de là, et uniquement de là.

Pas d'autre chose.

Pour le corps médical, ces travaux ont généré des opinions bien différentes. Guerres de positions, guerres de clochers, ils ont témoigné de l'inintérêt stratégique et financier de concilier les situations, de collecter et confronter l'information… en résumé, il en émerge la perception d'un manque à gagner, accompagnée de la sortie du traditionalisme médical français et donc de ses zones de confort, et surtout, mal comprise et mal perçue, avec cette méthode, on imagine une surcharge de travail.

De son propre aveu, de son ressenti « *clinique* » comme sur la documentation à laquelle j'ai accès pour rédiger ce livre, il avait été rétorqué à Adnan, que « *personne n'a besoin d'un tiers ou de données informatiques pour établir un diagnostic et rédiger une ordonnance* ». Autrement dit, le médecin n'a besoin de rien ni de personne pour exercer ses compétences. Il est pourtant reconnu qu'avoir une paire d'ailes de géant greffée dans le dos, ça gêne la marche…

Cette dernière phrase, certes un peu ironique, je l'écris aussi pour illustrer les propos de trois médecins, avec qui je me suis entretenu au moment même où j'ai commencé cette rédaction. Le premier est un médecin du sport, membre du Conseil de l'Ordre et ancien humanitaire. Il vient de prendre sa retraite. Lors d'un déjeuner, nous en sommes venus à parler de mon appréhension de la médecine. Partagée, sans faire exprès, par les trois autres convives du repas. Peu surpris de notre ressentiment, conforté par des exemples concrets et vécus, il conclura sur le sujet avec cette phrase qui m'est restée en mémoire : « *De mon temps, le patient était roi. Les médecins écoutaient et comprenaient. Aujourd'hui, ils n'ont plus le temps. Ni de comprendre ni d'écouter.* » Et de nous expliquer en suivant, les origines de la pénurie française de praticiens.

Le second cas, c'est avec mon médecin généraliste, malheureusement bientôt en retraite lui aussi, que je l'ai vécu. Je suis son patient depuis environ 3 ans. Son cabinet est à la campagne, dans un petit village. J'ai, dès le premier rendez-vous, accroché avec le personnage. Un simple coup d'œil, un examen rapide, concret et orienté et un « *c'est bien ce que je pensais* ». Et là, il me dit pourquoi je viens le voir. Ça ne s'apprend pas ce genre de choses. C'est la pratique et l'expérience qui parlent. J'hésite cependant à lui parler d'un second problème, habitué à me faire expédier au bout de 10 minutes passées avec un praticien, après une heure d'attente en moyenne, et surtout accoutumé à la phrase : « *Une seule pathologie à la fois, une par rendez-vous, cher Monsieur.* » Et là, pas du tout. Il me demande « si tout est en ordre », je lui réponds que non. Il écoute, pose des questions et propose une solution, tant sur mon comportement, que sur les effets de mon comportement, qui eux génèrent le problème. Je passe 30 minutes dans le cabinet. Et en sortant, je vois qu'il n'y a pas 10 personnes qui attendent leur tour, mais seulement deux. Surprenant. Enfin un praticien qui ne vit pas à l'heure du haut débit. De rendez-vous en suivi de rendez-vous, le connaissant mieux, je lui posai la question suivante, il n'y a pas longtemps : Pourquoi le nouveau médecin de ma femme prescrit des examens qui ont été faits récemment, et surtout qui n'ont servi à rien ?

Pourquoi son ancien médecin n'a-t-il pas transmis le dossier au « nouveau » médecin ?

Sa réponse : « *Les jeunes médecins ne prennent pas le temps. Ils évoluent dans une autre sphère que les vieux toubibs comme moi. Les dossiers médicaux, c'est des usines à gaz, surtout quand leurs propriétaires bougent de ville en ville.* » Ils ne veulent pas perdre de temps.

Enfin, la troisième discussion sur le thème, je l'ai eue avec un radiologue. Qui me confiera « *qu'un acte sur trois est totalement inutile, alors que d'autres nécessiteraient des mesures plus appliquées* ». Je sors de l'examen, avec un « foie gras », et un radiologue qui m'explique que c'est à la mode, quand la cinquantaine n'est plus très loin, d'avoir le foie gras. En ce cas, l'examen était-il bien utile ? Puisque c'est une conclusion commune et généralisée, et qu'aucuns soins ne sont prescrits derrière, si ce n'est les recommandations alimentaires habituelles et la prise de sang qui va avec…

Tout ceci pour vous décrire le comportement des professionnels de santé et vous préciser qu'ils n'étaient et ne sont toujours pas, pour la plupart, prêts à entendre parler de **la médecine des 5P (Préventive, Prédictive, Personnalisée, Participative et Pertinente), comme me le soulignera Adnan, à plusieurs reprises dans plusieurs entretiens, en insistant sur ce nouvel attribut de la médecine de l'ère numérique, la pertinence des soins, fondée sur la preuve d'efficacité d'un service médical et censée mettre un terme aux traitements et méthodes obsolètes.**

Maintenant, comme patient, que penser, de ces « anciens » et « nouveaux » comportements des praticiens, et surtout, ce qui m'apparaît comme beaucoup plus préjudiciable, de ce traitement aléatoire de l'information médicale, comme de l'écoute du patient et du temps accordé au patient ?

Et je ne mentionne même pas le mot « empathie »…

Ni de me lancer dans la dissertation sur le thème polémique de médecine *à deux vitesses.*

Adnan restera longtemps sollicité sur le sujet. Le débat passionne, jusqu'au CCNE, ce qui cadrait à l'époque avec les nouvelles lois sur la bioéthique. Il y était spécifiquement entendu sur son thème, *l'application d'une nouvelle intelligence artificielle apprenante et collaborative avec la médecine traditionnelle.*

Se posait aussi la question du traitement des données en rapport avec le secret médical, fameux concept, proche du secret de la confession, immuable et généralisé.

Cancer des enquêteurs de toutes sortes.

Mais, comment rassurer le patient, comme le professionnel, que ces données personnelles collectées restent anonymes ?

Comment convaincre du bien-fondé de la démarche ?

Adnan insistera beaucoup sur le fait que les informations collectées doivent revenir au patient et appartiennent à ce seul patient. Et le patient doit décider, non la médecine, s'il veut ou non partager ses données.

Le souci, à l'époque où Adnan propose son concept, c'est que la médecine a tout pouvoir sur le patient. Le patient ne décide de rien. Le praticien décide de tout. Adnan luttera alors contre ce qu'il décrit comme « un pouvoir abusif » et il confiera que depuis cette époque, les choses ont quand même fini par évoluer positivement. Progressivement. Très progressivement.

Mais, avec cette rétention admise de l'information, comme avec cette appropriation volontaire de l'information, les conséquences désastreuses tant du côté médical que du côté des patients se sont accumulées. Alors, comment exercer sereinement son métier dans ces conditions ?

La modernisation de l'ensemble devait être prioritaire.

L'accès aux soins devait être simplifié.

Non ?

Sans compter que dans le schéma actuel, les données du patient peuvent souvent « se perdre en route ». Et ainsi, par le fait, « polluer » les statistiques et les mises à jour.

Globalement, nous constatons qu'elles ne sont pas utilisées à bon escient ni dans la bonne temporalité.

Les études publiées de nos jours émanent principalement des grands laboratoires ; et ce n'est pas suffisant aux yeux d'Adnan, même si elles sont complétées par des professeurs de médecine en exercice et par des articles publiés dans différentes revues de praticiens.

Pour notre docteur, il fallait, il faut et il faudrait que l'ensemble des informations soient collectées auprès de l'ensemble du réseau médical. Et en temps réel. Il faudrait et c'est impératif à ses yeux, que non seulement l'accès aux informations se démocratise, mais aussi qu'il se libéralise.

Que l'information puisse enfin circuler sans contraintes administratives lourdes.

Pour toutes ces raisons, le Conseil National de la « e-Santé »
sera fondé.

Par Adnan.

Sous forme d'association loi 1901 à but non lucratif.

200 experts y contribuent aujourd'hui.

Le concept d'Adnan a même inspiré une partie de la feuille de
route digitale du ministère de la Santé au gouvernement d'Emmanuel Macron, notamment l'Espace Numérique de Santé,
qui d'ailleurs ressemble drôlement à ce qu'Adnan proposait
quelques années plus tôt, après les échecs récurrents du Dossier Médical Partagé « DMP » durant 20 ans depuis son
lancement par Philippe Douste-Blazy avec un coût de plus
d'un milliard d'euros.

Dans le cadre de la création de la loi sur la bioéthique, Adnan
interviendra, dans son domaine d'expertise. Loi qui sera promulguée. Et son intervention portera principalement, comme
sa contribution au texte, sur l'intelligence artificielle, bien évidemment. Il sera l'un des rares médecins experts connu et
reconnu, et n'oublions pas, le pionnier de la discipline. La lecture du texte, il la fera au Sénat puis à l'Assemblée nationale.

Mais rappelons la définition du terme « bioéthique » : *Étude des
problèmes moraux posés par les manipulations génétiques et les biotechnologies.*

Rien que dans la définition et sa stricte compréhension, nous
mesurons l'enjeu.

Et donc l'importance du sujet.

XVI

Loi sur la Bioéthique

La loi a été promulguée le 2 août 2021.
Elle a été publiée au *Journal Officiel* du 3 août 2021.

Elle concerne :

> La Procréation Médicalement Assistée (PMA)

> La filiation des enfants nés par GPA (Gestation Pour Autrui) à l'étranger

> Les dons d'organes et du sang, la transmission des informations génétiques

> Neurosciences et **Intelligence Artificielle**

> La recherche sur les embryons et les cellules souches

> Les autres dispositions

La loi contient plusieurs mesures sur la gouvernance bioéthique. Elle élargit le périmètre du **Comité Consultatif National d'Éthique (CCNE)** aux questions soulevées par les progrès scientifiques dans d'autres domaines que ceux de la biologie, de la médecine et de la santé (par exemple **développement de l'intelligence artificielle** ou environnement). Le CCNE anime tous les ans des débats publics sur des problèmes éthiques.

Comme dans les précédentes lois de bioéthique, la clause de réexamen périodique de la loi dans un délai de sept ans est renouvelée. Le texte a fait l'objet de quatre lectures à l'Assemblée nationale et de trois au Sénat (dont un rejet par les sénateurs en dernier lieu). Plusieurs milliers d'amendements ont été déposés et examinés au cours de près de 470 heures sur deux années de débats.

XVII

Une piqûre de trop

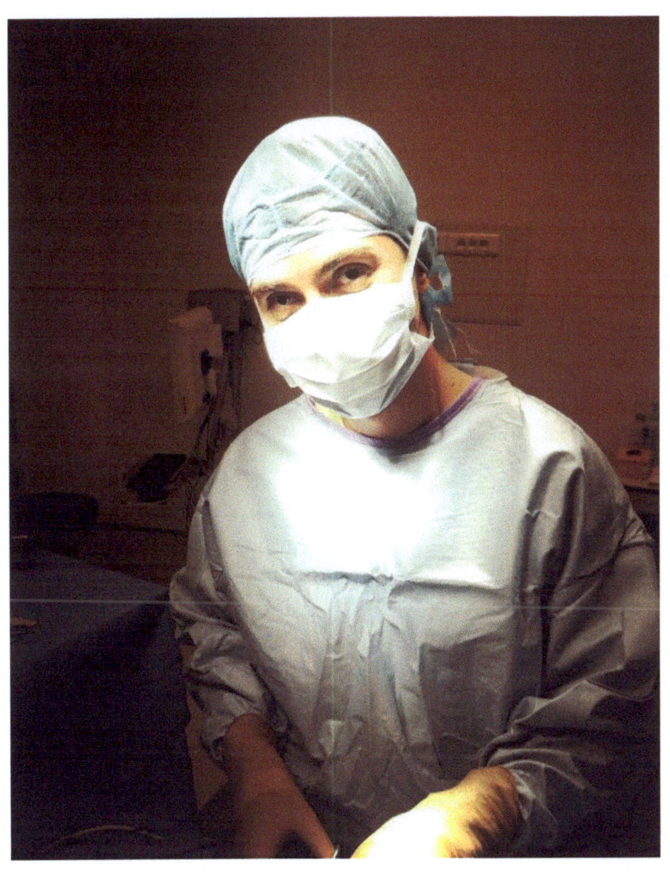

Adnan cofondera aussi le Conseil National des Jeunes Chirurgiens, dont il sera le vice-président. Il avait toujours dans l'idée de principe d'améliorer les rapports des praticiens à la profession, mais à l'époque, ce ne fut pas sa seule motivation. À cette période, il se formait à la chirurgie. Et il vécut un évènement grave, une mauvaise expérience, qui à elle seule, catalysera l'ensemble du spectre de ce qu'il dénoncera plus tard du rapport médecine/pouvoir. Adnan pointera une fois de plus un manquement grave du processus médical. Un manquement lié à « l'impunité hiérarchisée » de ses acteurs.

Adnan, alors qu'il se forme à son métier de chirurgien, se retrouve en cardiologie, passage important de son cursus de formation, et sa mission est ce jour-là, d'assister un professeur, « médaillé et décoré dans sa spécialité ». L'homme en question n'a pas très bonne réputation. Il est décrit par ses collaborateurs comme un individu autoritaire, colérique, et irrespectueux avec ses collègues, comme avec ses patients. Il a aussi la réputation de faire régner la terreur au bloc opératoire. C'est un chirurgien de la vieille école, autosuffisant, conscient de son rôle et de son palmarès opératoire. Il n'a pas de compte à rendre au vulgaire. Et dans ce « vulgaire », l'apprenti chirurgien, le patient et même l'infirmière ont une place. Pour Adnan, ce type de comportement n'est pas nouveau. Bien des fois, il se sera confronté à ces médecins émérites, intouchables et imprenables, habillés de gloire et de références, encensés par les directions hospitalières et inscrits de leur vivant aux panthéons des praticiens de l'hôpital. Ce qui ne l'empêche pas de reconnaître et parfois d'admirer le talent de certains de ces messieurs. Peu importe au final le caractère de l'artiste, ce qui compte c'est l'œuvre. Mais, il le dira, être méprisé ou mal traité, c'est parfois difficile à accepter.

C'est donc habité de l'esprit curieux et bienveillant de l'observateur, qu'Adnan assiste ce « grand » professeur dans son opération. Son rôle est d'observer pour apprendre. De participer parfois, mais avec un encadrement hiérarchique. L'apprentissage chirurgical, à ce stade, passe avant tout par l'observation du geste.
L'opération commence, et se déroule dans la terreur, fidèle à sa réputation, le professeur incendie copieusement le personnel qui l'assiste au moindre prétexte. Il a chargé Adnan, en poste en face de lui, de tenir les écarteurs nécessaires à son intervention à cœur ouvert. Seulement, après 7 heures passées dans la même position inconfortable, à tenir ces instruments, les muscles d'Adnan le trahissent sous l'effort et il bouge.
Ce type d'opération peut durer une dizaine d'heures, sans parler de la possibilité de rencontrer d'éventuelles complications. En soi, le geste d'Adnan ne met rien ni personne en péril.
Ce n'est pas à proprement parler une faute, mais c'est surtout la conséquence du manque de discernement du chef opérateur. N'importe qui d'attentif au confort de travail de son collègue, à sa fatigue et donc à sa fiabilité aurait de lui-même décidé d'une pause dans le geste. Voire d'un remplacement. Ne serait-ce que pour la sauvegarde du patient ? Ne serait-ce que pour la propre sécurité de son geste ? Mais pour ce professeur, pour ce géant de l'Olympe, une opération ne doit pas subir de temps mort. Ce qui est commencé doit être terminé dans les meilleurs délais. C'est un protocole établi et mécanique. Et c'est basé sur sa propre manière d'agir. Le peloton doit rouler à son rythme, point final. La pression, la mort et la vie, la peur comme le succès, lui appartiennent. Pas l'erreur.
Adnan a donc bougé les écarteurs, et il se fait rabrouer en conséquence. Adnan, avec la vision limitée qu'il a de la place où il se trouve et sous la contrainte de ses muscles endoloris, peine à retrouver la position exacte initiale.
Le professeur enrage, se contrarie plus que de raison et guide Adnan à coups d'aiguilles sur la main !
Oui, vous avez bien lu.

Cette même aiguille qui servait au patient, tachée de son sang, pique le dessus de la main d'Adnan à plusieurs reprises !

La conséquence directe est que le sang d'Adnan se mêle à celui du patient, ce qui, vous le comprendrez aisément peut être dramatique non seulement pour le patient, mais aussi pour Adnan !

Ou comment mettre la vie d'autrui en danger, sans penser un seul instant, à la conséquence de ses actes ?

Par folie pure !

Que fait un tel praticien dans une salle d'opération ?

Adnan devient furieux à son tour, il empoigne le chirurgien, finit par se maîtriser avant de commettre l'irréparable et sort du bloc. Il se rendra illico à la direction de l'hôpital, la main en sang. Il portera plainte d'un point de vue administratif.

La direction de l'hôpital le suppliant de ne pas attaquer sur le volet judiciaire. Adnan voulant à ce moment-là que son agresseur soit rayé des cadres.

Les conséquences seront bénignes pour le Professeur.

Car Adnan se laissera convaincre, sous pression, de ne pas emmener les choses au pénal. Le bilan médical négatif de toute infection l'y aidera.

Malgré qu'il dût subir les traitements préventifs aux virus et autres infections avec, cela va de soi, les effets secondaires indésirables.

Alors, et après que cette histoire avait fait le tour des hôpitaux et de la faculté, les revendications firent masse. Les mauvaises expériences, les mauvais traitements, les abus de toutes sortes subis par les « élèves » de la part de « professeurs » et des directions administratives se cumulèrent sous forme de témoignages. L'association du Conseil National des Jeunes Chirurgiens naîtra en principal de ces revendications. Elle trouvera chaire à la prestigieuse Académie de Chirurgie aux Cordeliers, sur la fameuse rue de l'École de Médecine, Paris-Descartes, où Adnan avait été nommé « Jeune Talent Chirurgical » par ses membres. Mais, ce ne sera pas son seul rôle que de défendre et protéger les « novices ». Elle rendra aussi rapport sur les avancées, sur les nouvelles techniques produites par cette jeunesse et surtout, obligera les administrations de gestion des personnels médicaux à davantage de transparence et à réfléchir sur les conséquences liées à la surexploitation des individus en termes horaires. Adnan évoquera des chiffres hallucinants, surtout quand on songe que la survie ou la guérison des malades en dépend. 100 heures hebdomadaires de travail, 48 à 72 heures de gardes consécutives, autant de facteurs aggravants et synonymes d'erreurs médicales.

Il fallait « sortir du Moyen Âge », selon le jeune Conseil des chirurgiens. Et qu'une fois pointées, ces grandes tendances néfastes de l'organisme médical soient résolues et que le patient en soit conséquemment protégé.

Adnan m'avouera avoir souffert tout au long de son cursus, comme l'ensemble de ses collègues de l'époque, de ces abus. Et il voulait témoigner de ce cas précis en salle d'opération. Base de sa démarche pour briser le tabou, ne jamais subir et essayer de changer les choses.

J'ai choisi aussi de ne pas y intégrer certains témoignages, comme celui de jeunes femmes de ma connaissance ayant subi de sérieux affronts, voire des agressions sexuelles sévères et répétitives dans le cadre de leur apprentissage et même dans la suite de leur parcours. Ce n'est pas le propos de ce livre que de dénoncer à tout prix les fautes de la discipline et de se faire le porte-parole des revendications de tout un chacun.

La médecine est une « grande muette », comme l'armée, comme d'autres organisations où les places sont chères et contraintes par la vocation qui habite les aspirants. Le constat du docteur El Bakri et d'autres praticiens, et les témoignages sont récurrents sur le sujet, est que la médecine doit changer, qu'elle doit évoluer, pour ne pas courir à sa perte et aggraver la chute de son capital confiance, en interne comme en externe, que ce soit au niveau de ses patients comme au niveau de l'opinion publique.

Aujourd'hui, comme nous le constatons tous, le secteur médical est en crise. La crise de l'hôpital et surtout les décisions politiques successives des ministères de la Santé, qu'Adnan a observé attentivement depuis son arrivée en France en 2004, depuis une vingtaine d'années maintenant, n'ont fait que précipiter la chute de l'institution. L'ancien adage populaire qui disait que *pour entrer à l'hôpital, il valait mieux être en bonne santé*, revient. Et ceci pourtant, après une trentaine d'années d'avancées notables et spectaculaires de la médecine.

La *chienlit* efface tout positivisme.

Partout, on constate le divorce entre la « patientèle », terme récent qui associe les mots « patient » et « clientèle », et le médecin. En 2024, il n'y a presque plus guère que les hypocondriaques ou les gens en bonne santé pour défendre les hôpitaux.

Pour y trouver satisfaction.

Et même les médias, pourtant d'habitude clients de l'institution, cherchent aujourd'hui à pointer les manques.

Comme dans toute défaite, si l'état-major est grandement responsable, les soldats ont aussi leur part de responsabilité.

XVIII

Le temps des honneurs et des succès

Entre 2011 et 2018, Adnan exerce en internat. Mais, vous l'avez lu, il a fait preuve d'un certain talent pour cumuler les « charges ». Il sera officiellement Docteur en Médecine en 2019, tandis qu'en 2017 il obtiendra le Diplôme de Chirurgie Générale. D'ailleurs, cette soutenance sera une étape fondatrice des évènements qui suivront.

Le temps des honneurs, des récompenses et de la renommée est arrivé. Le temps du succès. Les travaux du docteur El Bakri sont remarqués. Partout où ses propos ont une résonnance utile.

Des perspectives entrepreneuriales se concrétisent.

Des investisseurs potentiels se dégagent de la masse. Du public.

Mais pas de la structure médicale classique.

Elle reste immuable, et imperturbable. Fermée à cette nouvelle donne proposée par ce « médecin original ».

Adnan, au sortir de sa formation médicale, fait alors un double constat : primo, il est le pionnier du genre et le seul à vouloir faire de sa thèse une réalité concrète.

Et deuxio, si son succès dépasse ses prévisions les plus optimistes, il met cependant en relief une contrepartie.

Arrive alors pour lui, et très rapidement, un dilemme à l'issue de ce premier volet de son aventure.

Exercer la médecine ou non.

C'est-à-dire intégrer un hôpital ou une clinique comme chirurgien urologue ou bien continuer à développer sur le sujet de l'intelligence artificielle en médecine ?

Dans le dernier cas, le pari est osé… presque suicidaire.

Et dans tous les cas, cela marquera une rupture sévère avec son projet initial. Et cela l'éloignera un peu plus de son éventuel retour au Liban. Même si pour ce dernier argument, les choses ne sont plus tout à fait aussi claires et décidées qu'au début de son périple estudiantin.

On pourrait s'attendre à voir Adnan, bordé de ses honneurs, reconnu par ses pairs, chercheur et chirurgien confirmé, intégrer un grand hôpital public ou une clinique privée. On pourrait imaginer assez facilement que le brillant docteur soit assailli de propositions et d'offres d'emploi. Et que par conséquent, il intègre le schéma classique et investisse dans une carte de membre d'un club de golf. Et de là, on pourrait imaginer que ce travailleur forcené, en plus de son exercice, développe en parallèle, et selon les possibilités de son emploi du temps, ses recherches sur l'intelligence artificielle en médecine.

Sans pour autant renoncer à cueillir les fruits de son verger.

Bref, au jeune et beau docteur de profiter de la vie, maintenant.

Et de savourer sa victoire sur le destin.

Ce qui apparaîtrait tout à fait logique.

Et même écrit…

Le parcours du « gamin de Tripoli » est à ce stade de sa vie, non seulement exemplaire, mais tout bonnement incroyable.

Rare.

Rare au point où l'Élysée fera un pas en direction de ce jeune médecin atypique. La démarche étatique se concrétisera, sous la présidence de François Hollande, par une naturalisation au mérite en 2016. Fait relativement singulier dans cette trouble période républicaine, entachée par une triste confrontation erronée entre étrangers et terrorisme ainsi que le durcissement des lois sur l'immigration.

Le gamin de Tripoli devient citoyen français.

S'ensuivra aussi une remise de médaille, et pas des moindres, que seuls quelques médecins d'exception peuvent se targuer de pouvoir accrocher à leur poitrine : La Médaille de la Ligue Universelle du Bien Public, membre de l'ONU.

Honneur et dévouement.

Gloire aux meilleurs serviteurs de l'humanité.

Adnan, en juillet 2019, écrira ceci, après avoir été décoré à la Garde Républicaine. Et vous comprendrez entre ces lignes, la direction que prendra la suite de son parcours :

« La force d'un pays est de savoir reconnaître les talents, leur permettre de se déployer et les faire fructifier, alors à ceux qui pensent qu'en France il n'y a plus de talents et à ceux qui pensent qu'on ne les récompense pas, je peux désormais dire qu'ils se trompent.

Chers amis, c'est avec un immense plaisir et fierté que je vous annonce avoir reçu la Médaille de la Ligue Universelle du Bien Public soutenue par l'UNESCO à la Garde Républicaine à Paris, c'est un honneur immense et une émotion profonde, c'est la plus vieille médaille de France, attribuée notamment aux Professeurs Bernard Debré et Christian Cabrol entre autres, incarnant une longue tradition de l'excellence française.

À l'heure où les esprits s'échauffent sur l'immigration, le modèle social, le multiculturalisme... en fait sur tout ce qui fait le charme et la force de la France, cette distinction prouve que la réussite n'a pas d'origine, n'a pas de prédétermination, ce n'est pas non plus une question de richesse, d'appartenance familiale ou religieuse, la réussite est avant tout une question de femmes et d'hommes, de travail et de persévérance.

La France que j'incarne aujourd'hui n'abandonne pas les talents, elle sait encore reconnaître ceux sur qui elle peut investir, ceux qu'elle peut mettre en avant pour témoigner de la grandeur d'un pays qui permet de connecter l'humanité.

Mais cette nomination est aussi une lourde responsabilité qui m'oblige et me contraint à être témoin que la réussite est possible même quand on part de rien, que la volonté permet de franchir bien des barrières et des obstacles...

Depuis 2016, je suis Français par mérite, Franco-Libanais, fier de l'être, je réalise et poursuis mes rêves après beaucoup de travail acharné, de galères et de détermination, dans un merveilleux pays qui a tout pour réussir, j'ai saisi pleinement la chance qui m'a été donnée de me retrouver ici...

Ma conviction est que l'accès aux soins et à la santé passe d'abord par le partage de l'information, la collaboration médicale et la prévention, c'est mon combat. »

LIGUE UNIVERSELLE DU BIEN PUBLIC
Honneur & Dévouement
Gloire aux meilleurs serviteurs de l'Humanité
Diplôme de la médaille d'Argent
avec Palme
Décerné à : Adnan El Bakri
N° 48738
Paris le : 24 MAI 2019
Le Vice-Président
Le Président de la Commission
Le Président
Siège social : Maison de la Mutualité - 24, rue Saint-Victor -
75240 Paris cedex 5

Son combat ?

Nous y viendrons dans la troisième et dernière partie de ce livre. En détail.

La médaille de la Ligue Universelle du Bien Public a pour but de distinguer les personnes et associations de personnes qui œuvrent pour le bien public sous toutes ses formes et pour toutes les améliorations de caractère social compatible avec l'intérêt général. Donc cela voudrait dire que les réalisations du docteur Adnan El Bakri, et son apport qui bouscule le conformisme ambiant, sont reconnus d'utilité publique ?

Encore une fois, ce n'est pas aussi simple. Mais en tout premier lieu, retrouvons Adnan pour un entretien sur le « pourquoi du comment » de sa décision de choisir l'entrepreneuriat plutôt que cette voie « classique » qui s'imposait naturellement à lui.

— Pourquoi avez-vous sauté le pas ? Pourquoi et comment basculez-vous de la médecine à l'entrepreneuriat ?

— Cela s'est imposé à moi. Basculer est le bon terme… J'ai effectivement réellement basculé vers un domaine que je ne connaissais absolument pas. À part mes travaux, mes résultats de recherches et mes connaissances médicales, j'ignorais tout de ce qu'était la création d'entreprise à ce moment-là. Mais, j'étais certain d'une seule chose : mon projet devait prendre une tournure universelle d'une part, mais être aussi « secouru » par des fonds privés. Sous peine de ne jamais se développer. Ce n'est pas dans l'institution médicale que je pouvais le concrétiser. Ni trouver le financement.

— Donc : tapis !

— Oui, j'ai sauté le pas.

— Et cela a dû susciter quelques incompréhensions dans votre entourage. À commencer par la famille. Après tout, ce pour quoi vous étiez venu en France était accompli. La promesse du jeune garçon était réalisée. Et puis, vous aviez une vie de couple. Et un avenir qui s'annonçait prometteur. Pourquoi donc cette décision ?

— Oui, j'aurais pu simplement viser le confort, le salaire enviable que touche un chirurgien urologue, exercer et mener une carrière classique. Et mes proches étaient très heureux de cette idée. Elle correspondait à ce que tout le monde attendait autour de moi. Mais moi, ce n'était pas ça… je me disais qu'avoir fait 15 années d'études pour ensuite mener cette routine, c'était dommage. J'étais déjà tombé dans le piège de l'innovation. Et ces perspectives médicales grandioses me fascinaient. Et « m'excitaient » beaucoup plus que d'exercer. Dans le domaine, le retard était tel, qu'il me paraissait indispensable de le rattraper. Et puis je voulais laisser une trace. Je voulais faire quelque chose qui change réellement la vie des gens.

— Vous aviez aussi peut-être l'envie d'être votre propre patron ?

— Oui, certainement un peu, mais c'est surtout que l'innovation me permettait d'atteindre une certaine universalité. J'avais besoin d'inspirer des gens aussi. De faire des émules. De voir ces idées se concrétiser un peu partout. De les voir portées par d'autres personnes.

— N'y a-t-il pas autre chose qui vous pousse dans cette direction ?

— Il y a une affaire qui me précipite vraiment vers ce choix, mais je ne peux la dévoiler pour l'instant pour des raisons juridiques, j'en parlerai un jour.

— Mais, c'est un tout autre domaine que vous approchiez. Et de plus, peu rémunérateur. La philanthropie, en général, s'accompagne d'une certaine forme de bénévolat. Et le bénévolat, comme son nom l'indique, ça ne paye pas…

— C'est vrai. Et je suis reparti dans une précarité personnelle. Comme au début de mes études. Mais je crois dur comme fer à la réussite de mon

grand projet. J'ai conscience, encore plus aujourd'hui qu'hier, que c'est un combat. Que je suis debout sur un ring ! D'ailleurs, au moment où nous parlons, je viens de prendre mon premier KO technique. Mais, nous en parlerons plus tard, n'est-ce pas ?

— Tout à fait, dans la dernière partie de nos entretiens. La prévention… agir avant la maladie. Dépister les causes de la maladie. Accéder à des domaines de recherches comme la bio-technologie… gérer la collecte de données… être inventeur en fait. Vous vous sentez plus être de la trempe d'un Graham Bell que d'un Laennec, docteur ?

— Oui, en quelque sorte… la routine me faisait peur aussi… exercer dans le même cadre pendant des années et se battre, sans solutions nouvelles et tout le temps avec les mêmes problèmes… Bell ou Edison, peut-être pas… mais être à la pointe de l'innovation, certainement. Et aussi peut-être l'envie de créer de la valeur.

— Financière ?

— Pas seulement. De l'argent, pour innover, il en faut bien sûr… mais c'est surtout de la valeur intellectuelle que je voulais créer. Et puis de répondre à l'idée de transmission… attention, je ne dis pas que la méde-cine n'en crée pas. Je dis simplement que l'approche de l'entrepreneuriat est différente de celle de la médecine. Et aussi plus libre. Moins enfermée par les principes et les codes.

— À la transmission du flambeau ? C'est intéressant comme vue de l'esprit. Vous pouvez développer un peu, s'il vous plaît ?

— Oui, j'entends par transmission, l'idée de léguer quelque chose à d'autres, de leur donner l'envie d'innover à leur tour. Et pour moi, c'est aussi l'idée de boucler la boucle, non seulement en soignant, mais aussi en

amenant autre chose. Et non de répondre à quelque chose. La découverte de nouveaux médicaments par l'intelligence artificielle, au chapitre de la biotechnologie, par exemple, c'est ce que la médecine aujourd'hui ne sait pas faire. Et ne fera pas. Parce qu'elle n'a pas les moyens de le mettre en place. Alors que par le biais de l'entrepreneuriat, et de l'investissement privé, des solutions et de nouveaux schémas de traitements naissent. Je ne veux pas d'œillères. Je veux rester libre d'entreprendre.

— Un médecin qui part dans l'entreprise… choquant pour beaucoup de gens, non ?

— *Oui… mais quand on connaît mon parcours, encore une fois, c'est pourtant logique.*

Logique… pour Adnan peut-être… moins pour ses collègues et relations du monde médical. Comprenons bien que si Adnan avait été rhumatologue, et qu'il avait inventé une nouvelle prothèse, un outil qui serait aujourd'hui fabriqué à grande échelle, par d'autres que lui, même sur son brevet déposé, cela n'aurait pas le même impact que s'il était devenu le chef de l'entreprise qui fabrique la prothèse… c'est un principe et une vue de l'esprit bien français. Chacun sa spécialité et les moutons seront bien gardés. Mentalité qui n'était pas et n'est toujours pas celle d'Adnan. Et mentalité que le monde entier ne nous envie pas.
Cela nous amène à la suite de l'entretien. Directement.

—Venons-en à la levée de fonds que vous évoquiez à mi-mot, un peu plus tôt ?

— *Oui.*

— Comment avez-vous fait ?

— *Je l'ai jouée à l'américaine. Je suis parti du postulat de me dire que je créais des actifs sur lesquels on peut capitaliser dès le départ. Sur le principe anglo-saxon. Non sur le passif de l'acte. Point de vue plutôt européen. Et quand j'ai compris ceci, ça a matché.*

Pionnier là aussi.

Avant-gardiste là aussi.

Adnan me confiera que très vite il établira, comme à son habitude, un business plan.

Et ce plan nécessitait des fonds importants.

Et que sa notoriété nouvelle, combinée à la valeur « active » de son projet, était la raison même de l'investissement.

Restera pour lui à valider ce concept.

À noter que quand les investisseurs pointeront le bout de leur nez, ils exigeront qu'Adnan soit à plein temps à la tête de leurs projets.

Parmi les actionnaires figuraient des noms comme Christophe Lambert, Anne Lauvergeon, Jacques Attali…

TROISIÈME PARTIE

XIX

Entretiens

Nous avons organisé ce livre en trois parties bien distinctes. La première relate le parcours d'Adnan, depuis sa tendre enfance jusqu'à son départ pour la France. À ce propos, j'espère d'ailleurs, vous avoir fait voyager, tout du moins autant que moi-même j'ai voyagé lors de mes entretiens avec Adnan.
Je n'ai pas cherché à vous émouvoir plus que la réalité des faits m'ait porté à le faire. Rien, des propos d'Adnan et de son histoire n'est romancé. L'histoire de l'enfant prodige de Tripoli est suffisamment riche en elle-même. Nul besoin pour l'auteur d'en rajouter. Une vocation telle que la médecine qui naît de l'amour filial et de la réaction impuissante à l'époque, d'un enfant pour sa mère qui se trouve en état d'urgence médicale absolue, n'est pas anodine. Et ce qui rend notre récit encore plus unique, c'est que cet enfant, quand il ne sera encore qu'adolescent, au final, parviendra à concrétiser cette vocation en terre « étrangère ». Il ira chercher ailleurs, ce qui ne pouvait lui être donné chez lui.
Ce qui nous amène à la seconde partie de la biographie. Seconde partie, où contrairement à Adnan, je souhaitais mettre en relief certains clichés peu appréciables de la mentalité franco-européenne concernant l'immigration, et plus particulièrement, celle du monde arabe. Le Liban, c'est un paysage de corruption et de conflits, avec des reliquats de guerres successives. C'est avec ces mots entendus que la génération actuelle des 35-55 ans aura tendance à décrire ce magnifique pays, qui, rappelons-le, il n'y a pas si longtemps, était une « fierté » de la République française et un lieu de villégiature extrêmement prisé de ses ressortissants. Dans cette deuxième partie du livre, que nous venons à peine d'achever au moment où j'écris ces lignes, je me suis aussi particulièrement attaché à la vision de l'immigré Adnan El Bakri. De sa vision de la France et du fossé existant entre le fantasme libanais du jeune homme et la réalité du « terrain ». Je me suis attaché à ses pre-

mières impressions, à ses mots comme aux maux vécus de l'étudiant en médecine qu'il était alors. Au gamin de Tripoli stationné à la Timone, dans la grande cité phocéenne. J'avais besoin d'entendre ses impressions sur notre pays, des plus naïves aux plus réalistes… Sur cette France qui fait rêver tant d'hommes et de femmes dans le monde.

Je voulais comprendre mon prochain, en quelque sorte.

Comme Adnan n'a eu de cesse de le faire depuis son âge de raison avec les gens qu'il a croisés.

Le port de Marseille a été créé vers -600 avant Jésus-Christ, par des marins grecs originaires de la ville de Phocée en Turquie, dénommée Foča aujourd'hui. Ces gens fuyaient les invasions perses de l'époque. En arrivant sur les lieux, ils furent frappés, dit-on, par la ressemblance de la calanque de Lacydon avec leur ville d'origine et ce serait pour cette raison qu'ils ont décidé de s'y installer. La calanque de Lacydon qui correspond aujourd'hui à l'emplacement exact du célèbre Vieux-Port de Marseille, la Phocéenne.

Pourquoi ces dernières lignes ?

Simplement pour pouvoir écrire ceci : qui peut encore croire aujourd'hui que Marseille, comme tant d'autres villes qui bordent la Méditerranée, appartient à un seul pays, à un seul drapeau et à une seule identité ?

Adnan est né avec des semelles de vent, comme tant d'autres hommes portés par leurs rêves. Et il a réalisé son rêve.

Par la grâce de sa volonté, par la force que donne l'ambition. C'est un Méditerranéen, un homme dont les ancêtres ont forgé la civilisation moderne. Les frontières ont bougé, les noms des villes et des pays ont changé, mais les hommes sont restés les mêmes. C'était important de montrer à quel point, l'enfant de Tripoli est devenu un jeune Marseillais.

Un étudiant comme il y en a plusieurs centaines de milliers en France, et plusieurs millions dans le monde. Les frontières, les différences et encore plus que tout, les moyens, font que ce qui est évident pour un jeune Européen ne l'est pas nécessairement pour un jeune homme venu d'ailleurs.

Et pourtant, vous avez lu le résultat…

Cette deuxième partie était très importante pour plusieurs autres raisons. La première, c'est évidemment parce qu'elle relate fidèlement le parcours médical et estudiantin d'Adnan.

Ce parcours, cette succession d'épreuves, nous amène progressivement sur le terreau de ce que va devenir la vision de la médecine moderne pour le médecin qu'il deviendra. Nous nous sommes attachés à nous débarrasser des anecdotes pour entrer pleinement dans le « schéma médical imposé ». Dans la réalité des protocoles, à la fois d'apprentissage de la médecine comme de son exercice. Son presque sacerdoce. Dans cette temporalité, l'immigration n'est plus le sujet. Certains des passages concernés, et c'était ici la volonté d'Adnan, sont presque un plaidoyer à destination des jeunes qui prennent ou prendront le même chemin que le sien. Un plaidoyer dont le but est d'amener les étudiants à ne plus subir les coups du titan et de les encourager à avancer sans voir leur vocation se contrarier. Nous y pointons beaucoup de choses. Adnan, en tant que docteur, met légitimement en relief les manques de la discipline, les défauts de la structure, qui conduisent à tant d'erreurs, à tant de souffrances, à tant d'échecs et parfois même, à tant de drames. Dans les couloirs de la faculté comme dans ceux des hôpitaux, et malheureusement, parce que c'est de vie et de mort qu'il s'agit, dans nos propres maisons.

Pour ma part, non initié à la médecine, patient lambda, j'apporte ma critique et ma naïveté de patient. C'est d'après les retours des premiers lecteurs de ces chapitres, une composition littéraire qui fonctionne plutôt bien. Nous sommes partis du postulat pour rédiger ces pages, que ce livre est destiné au grand public. Pas seulement aux pratiquants du culte médical, si vous voulez bien me passer cette expression qui est à la fois cavalière et réaliste. La troisième donnée importante de la deuxième partie de cette biographie est le parti pris du développement de l'intelligence artificielle en médecine. De la collecte de données à l'application concrète dans les protocoles de soins. Nous y vivons une révolution. Véritablement. Ce médecin du XXIe siècle se bat contre la médecine du siècle précédent pour notre salut. La naturalisation française au mérite du jeune docteur Adnan El Bakri, signée par le Président de la République François Hollande lui-même, est une preuve, si besoin il en est, de l'impact de « l'immigré » qui aujourd'hui a amené par sa vision futuriste et son travail acharné, quelque chose de nouveau et de salvateur sur nos terres. Et dans nos académies.

Comme dans notre législation républicaine.

Qui pourrait oser contrarier mon propos ?

D'un point de vue plus personnel, quel auteur biographe ne serait pas passionné et honoré de pouvoir rédiger cette histoire de vie et ce plaidoyer médical pour l'avenir et le bien commun ?

Cette deuxième partie, que vous venez de lire, est certainement plus dure et plus « technique » que la première.

Elle rejoint la thèse, la fameuse et désormais célèbre thèse universitaire du docteur El Bakri.

Prédire l'évolution du cancer avec l'intelligence artificielle. Sujet publié dans cette même maison d'édition, dans sa collection médicale, en février 2021, et diffusé partout dans le monde.

Il était nécessaire d'en passer par toutes ces étapes.

Il est nécessaire que vous compreniez le cheminement exact d'Adnan pour vous forger vos propres opinions.

Pour votre indépendance d'idées.

Nous allons découvrir maintenant l'envers du décor et envisager ensemble comment, en partant des postulats et des raideurs administratives de la médecine actuelle, de cette désormais vieille médecine traditionnelle, un chirurgien peut devenir un entrepreneur à vocation internationale.

Et porteur d'un projet universel.

Nous allons découvrir comment un homme sans fortune personnelle va réussir à mettre en place un titanesque projet dont le but est essentiellement humaniste. Nous allons voir com ment cet homme au naturel altruiste va devoir affronter les difficultés relatives à son projet, et comment il va mener sa « révolution ». Et je vous l'assure, c'en est une !

Le mot choisi n'est pas si fort !

Nous ouvrons à la page suivante sur le verbatim de nos dialogues tirés des entretiens.

J'y tiens un rôle que j'apprécie particulièrement : celui d'avocat du diable.

Mais celui d'un avocat candide et à la fois perfide.

Je ne ménagerai pas le docteur.

Je ne ménagerai pas la médecine.

Je ne ménagerai pas le monde de l'entreprise.

J'ai comme vous, je pense, le besoin de comprendre.

De comprendre et de comparer les choses, les situations, la problématique proposée et de m'approprier intellectuellement l'ensemble.

Et d'ailleurs, puisque nous avons imprudemment invoqué le démon, où donc le diable siège-t-il, dans le monde complexe et abrupt de la médecine, du soin, de l'entreprise ou de l'humain ?

La teneur de ces entretiens va certainement vous surprendre.

Voici maintenant le premier de ces verbatims.

Ce premier entretien revient sur un point essentiel de la vie et de l'histoire d'Adnan. Le Liban. Point de départ.

De sa vie comme de sa vocation. De ses vocations.

Car vous le verrez, les choses ont évolué et continuent d'évoluer pour notre sympathique docteur.

Mais, où en est-il avec le Liban ?

On parle beaucoup en ce moment de différentes diasporas, marocaine, algérienne, tunisienne, ukrainienne, africaine, libanaise, et autres, qui depuis le sol de France et à travers l'Europe et le monde, s'organisent et cherchent à apporter leurs expertises à leurs pays d'origine.

Elles cherchent à aider au développement de leurs pays de naissance.

Qu'en est-il à ce sujet avec Adnan ?

Et que fait-il pour son pays de naissance ?

Qui est-il au Liban ?

Autant de questions et d'autres encore, que je vais lui poser.
Voici donc ma première question de l'entretien réalisé depuis
la Bretagne, via Reims, au mois d'avril 2023 :

— Que pensez-vous de la diaspora libanaise et de ses actions ?
De son rayonnement à l'international ? Et pour commencer,
en êtes-vous un de ses membres officiels ?

*— Je suis en relation assez régulière avec ce milieu et ses organisations.
D'autant que j'ai récemment été nommé secrétaire général d'une association
reconnue, à savoir l'association des hommes d'affaires d'origine libanaise.
Donc par le fait, je côtoie nombre des acteurs de la diaspora libanaise. Elle
est réputée pour promouvoir de grandes personnalités du monde des affaires
et donner accès à des membres à hauts potentiels à des postes très importants
dans le monde de l'entreprise. Et dans d'autres domaines.*

— Un nom connu que vous pourriez citer pour les lecteurs
peut-être ?

*— Je ne sais pas, il y en a beaucoup… peut-être Carlos Ghosn… il est
brésilien, mais d'origine libanaise maronite par son grand-père paternel.
Je le cite, car il a été encore récemment fortement médiatisé et parce que
tout le monde le connaît. La diaspora libanaise est influente mondiale-
ment, et indispensable à l'économie libanaise. C'est quelque chose de très
important pour nous.*

— À ce point ?

*— Oui. La situation au Liban est très complexe. Politiquement et reli-
gieusement. Et aussi très difficile financièrement et économiquement
parlant. Vous n'ignorez pas que ce pays est en faillite. Et qu'il a pris
énormément de retard sur le reste du monde méditerranéen. L'argent de*

la diaspora envoyé aux familles restant sur place au Liban, les réseaux d'influences et les opportunités d'affaires, sont devenus une véritable économie parallèle. En revanche, je dois reconnaître qu'elle est moins soudée que d'autres groupements de ce type. Et que nous avons encore beaucoup de chemin à faire pour être totalement efficaces.

— Quand vous dites ceci, vous pensez à vous comparer à quels autres types de diasporas existantes, ou à quelles communautés en particulier ?

— *À celle de la communauté juive, par exemple. Beaucoup moins élitiste et beaucoup plus dans l'entraide que ne peut l'être la communauté libanaise. Elle est justement plus communautaire. Plus sincère… plus dans l'entraînement positif, disons.*

— Vous sous-entendez qu'il n'y a pas assez d'entraide entre Libanais ?

— *Oui… malheureusement, c'est un peu le règne du « chacun pour soi », voire de la « concurrence entre tous ». Au détriment de l'effort commun. Une famille ne va pas nécessairement en aider une autre. Et c'est bien dommage. C'est l'union qui fait la force. Et à tous les niveaux. Il faudrait que les différentes communautés de différentes confessions et qui se nourrissent de différents courants politiques finissent par accorder leurs violons. Pour le bien commun.*

— C'est peut-être un pays utopiste pour un pays aussi fragmenté que le Liban, non ?

— *Non. Il faut y croire. Il faut faire évoluer les mentalités. Et bouger les lignes. Il faut briser les cercles et encourager les forces vives internes de ce pays à évoluer. Et puis il faut être aussi moins élitistes. Il faut que l'élite du pays, comme les différentes organisations de la diaspora, revienne à un schéma plus universel !*

— Les influences notables sont dans les derniers étages de la tour, pas dans les premiers et encore moins dans les sous-sols, c'est ça ?

— Oui, c'est une image assez parlante que vous donnez… le communautarisme n'est pas assez efficace, quand il y en a un. Quand une communauté parmi les autres communautés s'entend sur un sujet précis et sur des actions à mener de concert, c'est assez rare. C'est même difficile de mener des affaires et surtout de conclure des affaires où tout le monde sort gagnant. Entre Libanais, j'entends… Comme il est compliqué de lancer des processus d'entreprises ou financiers efficients… même pour l'intérêt général. Le pays et les gens de ce pays manquent d'unité. Et paradoxalement, ils voudraient tous vivre dans un Liban fort et avant-gardiste. Dans un pays qui compte sur la scène internationale. Pourtant, chacun tire sur la couverture. Sans se soucier de savoir si l'autre a froid.

— J'ai lu que la diaspora libanaise compte environ 14 millions de personnes dispersées dans plus de 70 pays à travers le monde, alors qu'il y a 4 millions de Libanais au Liban. On parle d'elle comme d'« un autre Liban » dans de nombreuses analyses et articles de presse. Comment avez-vous abordé vos nouvelles responsabilités ?

— Avec simplicité et humilité. On m'a demandé de « dépoussiérer » le système, d'y agir avec les convictions entrepreneuriales et la philosophie de quelqu'un de ma génération.

— Vous connaissant, je n'en doute pas. Mais dites-moi, puisque je sais que vous avez fait plusieurs voyages au Liban depuis 2019, et que vous y êtes très connu, ce rôle nouveau, couplé à vos projets entrepreneuriaux de l'époque, cela ne vous a pas mis dans une situation encore plus en vue, et de par le fait, plus compliquée ?

— Oui et non… Non parce qu'au Liban, la presse s'était emparée des premiers succès de mon entreprise et de mes projets. Il y a eu une adhérence quasi immédiate entre les milieux d'affaires, la population concernée et les médias. Dans tous les cas, cette période était un basculement dans ma vie. Je passais de la médecine à un entrepreneuriat constructif, même s'il était lié à la médecine et à mes travaux, bien évidemment. Et les réactions de mes compatriotes libanais m'ont aidé… elles m'ont conforté dans mes idées. En tout cas sur la nature de l'universalité de mon projet. Et oui, parce que je ne m'attendais vraiment pas à ce que le pays s'empare de la thématique de l'intelligence artificielle en médecine et de l'e-Santé… c'est réellement devenu un débat public… c'était surprenant de voir à quel point cela a fait boule de neige dans l'opinion. Beaucoup d'intellectuels et de journalistes, comme de médecins, étaient incroyablement réactifs !

— Nous reviendrons plus amplement sur la nature même de votre entreprise et de son domaine d'activités et de compétences. C'est le sujet phare de la dernière partie de votre biographie. Mais poursuivons : les réactions de la population, et votre « starisation » après 15 années « d'exil volontaire » pour cause d'études en principale, vous ont donc surpris… et Tripoli, justement, comment était-elle ? Votre ville. Votre berceau. Qu'y avez-vous diagnostiqué, mon cher docteur ?

— Malheureusement, ma ville régresse, se perd… elle est en passe de devenir la ville la plus pauvre de la Méditerranée. C'est un déchirement pour moi. Et pour beaucoup d'autres personnes, à commencer par ceux qui y vivent… c'est vraiment difficile à vivre comme à admettre. Mais il ne faut surtout pas se voiler la face et tenter d'apporter, chacun à son niveau, sa pierre à l'édifice !

—Justement, vous dévoilez là un autre aspect du problème : le décalage entre vous-même et la situation que vous devez affronter sur place. Ce pays est en échec, et au moment précis de vos incursions dans ses terres, vous incarnez personnellement la réussite. Avec la carrière, avec le prestige des disciplines en plus, comme avec la reconnaissance et les honneurs, et cette ville où vous vous rendez, la ville de vos origines, est en souffrance… car que vous le vouliez ou non, vous êtes une sorte de « représentant » de cette ville. Un enfant du pays, comme on dit. Vous êtes franco-libanais, certes, mais vous serez toujours aussi « l'enfant de Tripoli » ! Votre réussite y est fatalement associée.

— Oui. Je le reconnais aisément. Et c'est vrai, ce n'était pas facile. Pas si facile en tout cas d'assumer ce rôle. Tripoli était à ce moment précis, vraiment en « souffrance », et elle reste encore aujourd'hui figée dans une situation chaotique. Catastrophique même, à la lumière de certains aspects. Quand je séjournais au Liban à cette époque et encore plus fortement aujourd'hui, j'y amenais autre chose que par le passé, et je vivais aussi autre chose. Dans mes voyages antérieurs, je venais en famille, visiter la famille et je me ressourçais. Cela tenait presque du pèlerinage. Il n'y avait pas cette contrainte que mon activité, et ma réussite, entre guillemets, ont produite.

— Votre situation « enviable » doit amener des sollicitations de part et d'autre ?

— Oui, beaucoup plus que par le passé en tout cas. Différentes assurément. Mais aussi cela me laissait et me laisse moins de temps pour prendre soin de mes proches. À chaque fois, c'est un agenda presque présidentiel qui m'attend. J'ai des rendez-vous, des conférences, des meetings… je rencontre énormément de gens. Et beaucoup de gens veulent me rencontrer. Mon temps au Liban ne m'appartient plus vraiment.

— Vous le regrettez ?

— Non, non parce qu'il y a tant à faire. Et pas seulement au Liban d'ailleurs !

— Comment le vivent vos parents sur place, cet « assaut » sur votre personne ?

— *Mon père prend des rendez-vous pour moi. Il est très fier de faire cela. Il me met en contact avec différentes personnes. Souvent, ce sont des personnes qui ont besoin d'aide. Et dans tous les domaines… et des associations aussi. Mais le problème de fond, c'est que les gens pensent que je suis riche et que j'ai les moyens de financer un peu tout ! (rire)*

— Et ce n'est pas le cas ?

— *Non, pas vraiment. En France, je ne pourrais pas être considéré comme riche avec mes revenus actuels, on me dirait aisé, tout au plus. Mais au Liban, effectivement, par comparaison, je suis « riche ». Seulement, j'ai des charges comme tout le monde…*

— Oui, tout est relatif. Le salaire moyen au Liban est de combien ?

— *Ma sœur qui est infirmière gagne à peine 100 dollars net par mois. Le SMIC français est donc 13 fois plus important en France qu'au Liban !*

— D'où le décalage ressenti entre vous et eux… Concrètement, en dehors de tout « business », qu'avez-vous apporté comme aide à ces familles que vous évoquiez un peu plus tôt ?

— *Des inscriptions dans les écoles. Entre autres mille et une « petites choses ». Pour eux, inscrire leur enfant c'est débourser 20 à 30 dollars annuellement. Et la plupart des gens que je suis amené à rencontrer, n'ont pas et ne disposeront pas de cette somme. Somme qui peut paraître dérisoire pour nous Français. Mais que si je multiplie par le nombre de demandes, peut devenir assez épaisse pour moi, par exemple. J'ai donc aidé à créer de l'entraide… majoritairement associative. Pourtant, si le Liban veut revenir dans la course et avoir l'avenir qu'il mérite, l'éducation scolaire, comme la médecine et l'aide sociale sont des vecteurs indispensables ! Vitaux !*

— La philanthropie passe aussi par l'argent. Ce n'est pas une honte, c'est une nécessité. Un équilibre devenu immuable…

— Oui. Et c'est aussi pour cette raison que j'ai voulu et que je veux développer mes projets, malgré les oppositions et les objections. Car cette manne financière serait bien utile à des tas de gens. Et pas seulement au Liban. Là aussi, le système de distribution des cartes est à revoir.

— En France aussi certainement. Je vous rejoins. Nous avons tous lu ou entendu des témoignages de gens qui n'ont pas accès aux soins médicaux dans notre pays. C'est honteux, surtout pour une nation qui se vante d'avoir le meilleur système de santé au monde, mais c'est une réalité, même si certains ne veulent pas le voir.

— Ou même l'admettre, tout simplement. Sans argent, on ne peut mener grand-chose à terme. C'est d'ailleurs ce que j'aime dans l'idée de l'entrepreneuriat. Quel autre système permettrait-il de transformer des compétences en capitaux ? De créer une valeur ajoutée ? Valeur qui peut être mise au service d'une ou plusieurs communautés en plus ! À l'entrepreneur de choisir.

— Vaste débat sur la répartition à l'époque de la mondialisation à outrance… Maintenant, j'ai une autre question, plus sensible peut-être. Une question qui est à la fois identitaire et politique. Votre pays, vous le savez comme nous en avons conscience, nous Européens, est complexe. Le communautarisme religieux y fait loi, sous trois grandes tendances entremêlées (sunnites, chiites et chrétiens), qui sont explosives dans la friction, diront certains observateurs.

18 confessions se côtoient et s'affrontent parfois violemment. Cela engendre des attentats et des situations de guerre civile. D'un point de vue politique, le gouvernement libanais ne jouit pas d'une bonne réputation à l'international. On parle de corruption massive et institutionnelle, de conflits d'intérêts permanents et de cent autres problèmes graves. Pourtant, vous ne reniez pas le Liban. Au contraire, je devine même que vous souhaitez y jouer un rôle. Rôle qui à terme, entre parenthèses, pourrait être dangereux pour vous. Quelles sont les communautés qui ont tenté de se rapprocher de votre personne et vous a-t-on proposé de justement jouer un rôle politique dans votre pays de naissance ? Parce que dans la logique de votre parcours, comme à la lumière des informations que j'ai glanées autour de vous pour écrire cette biographie, cela me paraîtrait être une option assez évidente, en finalité.

— Je mentirais en disant que non, seulement, les approches étaient… un peu sournoises. Je suis quelqu'un d'honnête et j'aime la transparence et la clarté. Je suis connu pour ma franchise, vous le savez. Même médiatiquement. Et je n'hésite ni à dénoncer ni à critiquer quand c'est utile… mais certaines des personnes qui m'ont contacté au Liban, malheureusement, ne sont pas venues vers moi avec un discours franc. Et pour quelques-unes de ces personnes, c'était à la limite d'une démarche mafieuse. Je n'adhèrerai jamais à cela.

— Vous préférez peut-être aussi garder une certaine « neutralité » ? Et aussi vous méfiez-vous de la récupération politique ou religieuse ?

— Les deux. Mon père m'a inscrit, quand j'étais enfant, dans une école où les trois religions principales du Liban cohabitaient. Sans aucun problème. J'ai gardé ce goût de l'éclectisme. De l'idée et de la variation de l'idée. Et j'ai aussi gardé des amis dans les trois communautés concernées. Et il m'arrive d'assister aussi bien à un baptême chrétien qu'à un mariage juif ou à une fête musulmane. Et c'est très bien comme ça. La

religion pour moi, c'est quelque chose de personnel, quelque chose de spirituel, quelque chose qui ne devrait en aucun cas prendre le pas sur la vie publique. Et c'est un problème au Liban. Un très gros problème.

— Comment ça ?

— Mettons que je veuille entrer en politique, ou que j'accepte une proposition, je devrais le faire par le biais d'une communauté religieuse, ce ne serait pas possible autrement. Tel ministre de ceci appartient à telle confession, tel ministre de cela à une autre... c'est presque devenu traditionnel. Les partis religieux et politiques sont mêlés et c'est cela qui fait aussi que les arrangements entre communautés et gouvernement engendrent des guerres de territoires. Le Liban est corrompu au dernier degré. Chaque communauté défendant ses intérêts et son « terrain de jeux » sans se soucier des conséquences que ses actes ont sur les autres communautés.

— Qu'est-ce qui fait que la population dans son ensemble a ce système bancal, au final ?

— Pas toute la population, mais une large majorité, c'est vrai... l'ignorance est le cœur du problème... des gens comme moi représentent peut-être la solution, par le biais de plusieurs vecteurs que nous portons. L'instruction tout d'abord. Savoir et connaître évite d'avoir à subir l'archaïsme volontairement entretenu par certains leaders de telle ou telle communauté religieuse. Ensuite, nous prônons la tolérance vers l'autre, pour arriver à aller progressivement vers une laïcité d'État qui encore une fois serait salvatrice pour le pays. Ce qui n'empêche pas de préserver les traditions d'ailleurs, et de respecter les croyances de chacun.

— Oui, l'histoire a montré, et partout dans le monde, qu'il est plus que nécessaire de séparer « Religion » et « État » pour que le pays concerné soit « à la page » et surtout que sa population soit libre et opère dans un esprit progressiste et par conséquent, travaille et dirige ses efforts vers la modernité. Et on oublie souvent que la modernité est le maître-mot de toutes les époques, depuis que l'homme est l'homme… J'inclus d'ailleurs dans l'idée précédente, les fascismes et les extrémismes de tous bords, qui sont d'obscures religions de remplacement. Ils ne font en somme que viser à prendre le pouvoir de celles en place. Mais, revenons-en à notre sujet principal : le Liban est-il condamné à subir cette situation indéfiniment, selon vous ?

— Non, je ne crois pas en la fatalité ; des gens opèrent pour que les choses changent, pour que les mentalités s'ouvrent et progressent. Une partie de la population se bat pour cette idée. Moi, j'essaie humblement d'apporter ma contribution, ma pierre à l'édifice, comme je le disais plus tôt. J'aime le Liban. Ma famille y vit. C'est un beau pays qui ne demande qu'à redevenir heureux. Et il vaut la peine qu'on se batte pour lui.

— Mon cher docteur, vous tenez le discours d'un démocrate en campagne… j'insiste, et réitère ma question, seriez-vous tenté par une carrière politique au Liban ?

— J'ai refusé un poste de ministre de la Santé… je ne suis pas fermé à l'idée d'agir d'un point de vue politique un jour, mais aujourd'hui, cela me paraît difficilement réalisable… dans l'état actuel du pays… par rapport au système politique en place d'une part et par rapport à ce que je vous ai décrit plus tôt, d'autre part. Il faudrait que le pays bascule dans une mentalité politique totalement différente et qu'il bascule massivement pour que des gens avec les idées que je porte, et donc moi-même, entrions dans l'arène. Sans laïcité affirmée, c'est impossible… Puis c'est loin d'être ma priorité actuelle.

— Mais c'est envisageable…

— Oui, dans l'absolu, tout est envisageable, mais plus tard dans ma vie, et après avoir réussi en tant qu'entrepreneur… et sous réserve qu'une

vraie révolution aboutisse et que le système dynastique en place s'écroule. Les mêmes familles sont au pouvoir depuis longtemps ! Trop longtemps ! Il faudrait une nouvelle constitution pour le Liban. Une nouvelle donne !

— Entrepreneuriat, médecine et peut-être un jour la politique…

— *L'entreprise et la médecine pour moi sont intimes. Je vois aussi que je pourrais créer de l'emploi et apporter de la valeur et de l'expertise ici et ailleurs si je parviens à développer convenablement les choses. D'un point de vue sanitaire il y a énormément à faire en Afrique par exemple, pas seulement en France ou au Liban.*

— Justement, venons-en au fait. Concrètement votre idée ?

— *Mettre en place une couverture maladie universelle. Si j'arrive à cela… La médecine au Liban par exemple est malade d'elle-même. Il faut revoir tout le système. De A à Z. Tout est à faire. Les tarifs sont préjudiciables aux soins, qui sont réellement hors de prix, beaucoup de gens n'ont pas accès à la médecine, il y a aussi énormément de fraudes sur le médicament même, et encore une fois beaucoup de corruption.*

— Vous accompliriez votre rêve ?

— *Oui… mais nous en sommes loin. Je suis allé au Liban avec mon « PassCare » à l'époque. Mais la mafia locale voulait une part du gâteau. Ce qui fait que les talents et les ambitions des gens de là-bas ont tendance à s'exporter. La France aussi, à mon sens, cumule beaucoup de problèmes. Autres, il est vrai. Mais elle décline. Je l'observe sur vingt ans. Et je dis ceci en étant un inconditionnel de la France, un amoureux de ce pays, mon pays adoptif !*

— Nous y viendrons, au concept de votre première entreprise. Ce sera d'ailleurs le sujet de la suite du livre. Mais, vous avez un pied en France, où vous vivez, et un pied au Liban que vous espérez. Ce n'est pas trop difficile à gérer ?

— Si, bien sûr. Il est évident que je ne suis pas encore en conditions de faire le « grand saut ». Comme je ne suis pas au bout de mes peines. D'un côté ou de l'autre d'ailleurs. Et mon projet correspond aussi à d'autres points sur la carte du monde. Il est universel. Et cette universalité à but humanitaire est sa raison d'être.

XX

L'Ambition de l'Universalisation et de la Personnalisation de la Médecine

— Parlons de « PassCare ». Ce « pass santé » qui a fait tant de bruit et dont vous êtes à l'origine, qu'est-ce que c'est exactement ?

— *Toujours dans la même optique que depuis le début, mon ambition était et reste de faciliter l'accès aux soins et aux données médicales. Pour les patients, mais aussi pour les professionnels. En 2016, j'ai créé une carte de santé à la fois simple d'utilisation et « high-tech » dans son registre.*

— Dans son registre ?

— *Oui, la carte devait être très simple d'emploi pour le patient, mais elle devait aussi répondre aux besoins et donc aux demandes des professionnels. Elle devait être « la » réponse à cette fameuse et essentielle collecte de données que nous avons évoquée à plusieurs reprises dans nos entretiens.*

— Donc il s'agissait d'une « arme » à produire contre la mauvaise circulation de l'information médicale et contre la perte dommageable des données.

— *Oui, tout à fait. Je suis parti de ce constat déjà évoqué : l'information médicale ne circule pas, ou peu, entre les différents acteurs d'un parcours de santé, qu'il soit classique ou particulier. Ma carte permet d'avoir instantanément un bilan précis de la situation médicale du patient et elle génère toutes les données essentielles, comme la mise en relation entre praticiens et le détail du parcours de soins d'un patient « x ». J'ai constaté à plusieurs reprises que des informations qui pouvaient s'avérer vitales pour le patient ne circulaient pas ou se perdaient dans les différentes étapes des traitements ! Comme j'ai vu des patients se perdre eux-mêmes totalement dans les protocoles de soins imposés. J'ai vu l'ignorance et l'incompréhension se côtoyer, côté malades comme côté médecine, et ce, pour le malheur de tous !*

— De là l'idée de créer votre première « start-up »… Est-ce que vous avez prévu dès le départ de construire ce programme, seulement en France ou bien, aviez-vous déjà à l'esprit ce désir d'universalité qui caractérise vos travaux ?

— *Oui, c'était d'ailleurs une erreur… je m'en suis aperçu avec le recul !*

— Comment ça ?

— *Eh bien, vous vous doutez que lorsque l'on innove, que l'on se retrouve impliqué dans le projet de création d'un nouveau service à vocation mondiale et universelle, les choses ne sont pas simples… et les obstacles sont nombreux. Comme les rivalités. D'ailleurs, j'ai aussi parlé de mon projet beaucoup trop tôt…*

— Oui, tout est à créer… et il faut convaincre… c'est le propre même de l'innovation.

— *Et quand donc tout est à créer, il est inutile de compliquer les démarches. Justement aussi pour convaincre plus facilement les partenaires éventuels comme les utilisateurs… or, mes démarches et mon ambition d'internationaliser le « produit » dès le départ ont fortement freiné son développement de base. Avec le recul, j'aurais dû ne valider l'expérience qu'en France… puis avancer étape par étape… C'est une leçon que j'ai reçue, et je reconnais que j'ai commis ici ma première erreur stratégique…*

— Concrètement, qu'est-ce qui a enrayé cette progression du projet ?

— *La barrière des langues déjà et ensuite la multiplicité de fonctionnements des systèmes médicaux et des protocoles de soins internationaux. Il fallait penser « multiples » dès le départ. Donc, multiplier en proportion les intervenants. Ce qui a compliqué aussi à souhait le développement de la plateforme et du programme informatique incluant de l'intelligence ar-*

tificielle. Dans la réalité du terrain, cela n'est pas si évident que sur le papier !

— D'autant qu'un projet aussi ambitieux n'attire pas que des sympathies… Votre « Passeport Santé », dès les premiers mots, c'est un bouleversement annoncé… d'autant que son accessibilité n'est pas soumise à conditions, ni de revenus ni d'éligibilité…

— Oui, mais il aurait peut-être mieux valu se choisir une « niche » pour commencer et ensuite développer la solution secteur par secteur… À ma décharge, je débutais dans l'entrepreneuriat à cette époque… et les conseilleurs ne sont pas vraiment les payeurs…

— Une autre question maintenant : si la carte avait été développée en France, avec une région test, mettons par exemple, la région où vous avez exercé, sur un programme court, qu'en aurait-il coûté à l'utilisateur de la carte ?

— Rien du tout, pas un seul euro. C'était au monde de la santé de sponsoriser la carte. Assurances, mutuelles, entreprises ou industriels, laboratoires, etc. La carte devait être au centre. Tous les acteurs décrits pouvaient s'interconnecter à partir de la technologie. Pour le bien et l'utilité du patient.

— Donc le patient au centre. Souverain et décisionnaire. Propriétaire de ses informations comme de son dossier médical ?

— Exactement ! Sans patients, il n'y a pas de médecins ! C'est simpliste dit comme ça, mais c'est vrai.

— Vous pensez que c'est le patient qui fait la médecine ?

— Oui, totalement. Tous ces acteurs que je viens de citer, et d'autres encore, se font de l'argent sur le dos des patients, des soins aux collectes

d'informations, des traitements aux tests ! J'ai donc pensé, et je ne suis pas le seul, que pour une fois, le service pouvait être offert au patient !

— Vous allez vous faire des tas d'amis en disant cela.

— Peu importe… C'est une vérité que le public doit connaître et reconnaître. Comme la médecine et ses acteurs doivent et devraient faire preuve d'honnêteté ! Et puis avec ce que je propose, il ne faut pas oublier que les médecins bénéficient d'un service inédit, leur permettant d'interagir entre eux d'une part, avec des traductions automatisées, où qu'ils soient dans le monde, mais aussi de gagner un temps précieux comme d'éviter au maximum les faux diagnostics et donc les erreurs ou encore les prescriptions inutiles ! Sans parler des sacro-saintes et chronophages démarches administratives.

— Le fameux trou de la Sécurité sociale en serait comblé… dans tous les sens du terme. Je n'imaginais pas, avant de faire ces entretiens avec vous, la perte d'argent que représentent les prescriptions inutiles… cela attaque sévèrement le résultat…

— Pour moi, le but est d'atteindre l'excellence. C'est-à-dire de pouvoir agir, puisqu'on peut théoriquement avoir les données du patient, avant, pendant et après une pathologie, quelle qu'elle soit. Or, le cloisonnement actuel de l'information médicale et les guerres de chapelles entre cliniques, spécialistes, hôpitaux publics et autres organismes privés, comme l'invraisemblable système administratif, bloquent et handicapent lourdement cette efficacité voulue que je décris. Mon projet y remédie. Simplement et efficacement. Et quels que soient les choix du patient.

— C'est une seule et unique plateforme technologique forte, en somme ? Au service de son propriétaire.

— Oui, exactement, et c'est d'ailleurs pour cela que le projet a décollé très vite et rencontré beaucoup d'adhérents dans un premier temps. Mais cette voie-là n'était pas nécessairement la bonne…

— Ce qui m'amène aux deux questions suivantes : puisqu'il s'agit à la base d'une collecte de données, traitées, puis numérisées, connaissant l'importance sociétale du fameux « secret médical » pour la population française, comment garantir que les données impliquées restent confidentielles ? Et ensuite, que deviennent ces données ?

— *Tout d'abord, une précision : les données ne sont pas physiquement sur la carte. Une clé digitale et un « flashcode » sont nécessaires pour avoir les accès du dossier. Ensuite, la sécurité de ces accès aux informations des patients utilisateurs de la carte a été dès le départ, le souci principal des développeurs. Et le mien. Chaque patient avait son dossier dans le « cloud » et son espace virtuel propre dédié. Alors que dans le système actuel, toutes les informations relatives aux soins donnés sont stockées ensemble sur un seul et même site physique… donc en cas de piratage ou de dysfonctionnement informatique, tout est perdu…*

— Oui, et il ne se passe pas un mois sans qu'on entende parler dans les médias de cyberattaque sur des hôpitaux… dans des buts de chantage principalement…

— *Oui… je vous le dis, les données médicales ont de la valeur, elles génèrent un marché planétaire extrêmement important en termes de chiffres… Pour en revenir aux cyberattaques, les données d'un seul patient concerné n'intéressent pas les pirates. Dans le « cloud », les serveurs sont dématérialisés… ce qui est un gain de sécurité, contrairement à l'idée reçue. Le patient « PassCare » était unique et avait son espace propre et dédié à sa santé. Ensuite, seul le patient, grâce à sa clé, pouvait déchiffrer ses données. Vous savez, dans les hôpitaux, entre la chambre et la radio par exemple, le dossier du patient traîne à droite et à gauche, sur les brancards… Quand le patient sort de soins, les papiers traînent dans la voiture, ou des fois ne sont pas récupérés pour x raisons… C'est toujours le cas aujourd'hui, et franchement de nos jours, cela est archaïque, n'est-ce pas !*

— Oui, comme quand le secrétariat est engorgé, ou fermé... par exemple... nombre de courriers ne sont jamais imprimés ni reçus.

— Les exemples de pertes d'informations dans la réalité du système ne manquent pas. La solution existe, ou peut exister, mais est-elle voulue ?

— Donc selon vous, les technologies actuelles apportent plus de sécurité que nos vieilles méthodes d'archivages et de rangements ?

— Complètement. Rien ne doit se perdre. Le fait de dématérialiser les ordonnances, par exemple, c'est bien des soucis en moins... ne serait-ce qu'à la pharmacie...

— Ne m'en parlez pas... Donc, avec ma carte, tout est dans ma poche... mon passé médical comme les informations d'un soin en cours.

— Oui, et surtout, et c'est très important comme notion : le patient décide de l'utilisation de ses données personnelles. Elles lui appartiennent. Libre à lui d'en faire ce qu'il veut. On peut même envisager que si on les utilise, on les lui paye, et si on les utilise cela passera par son consentement ! C'est totalement nouveau.

— Donc, il y a bien aujourd'hui une exploitation unilatérale par la médecine des données médicales ? Ce n'est pas un fantasme complotiste ?

— Absolument. Et je propose de rendre réellement la propriété de ces données aux patients.

— Ce qui ressort de votre discours, c'est que pour la médecine française, sa gestion de l'information relative à sa patientèle est dépassée...

— Oui, pour ce volet, et le volet administratif comme celui du traitement des données. Globales et personnelles. Les progrès dans ce domaine sont pourtant quotidiens et universels. Aussi, la recherche fondamentale patine souvent, par manque de moyens d'une part et manque d'autonomie d'autre part. Nous l'avons évoqué un peu plus tôt. Ce que je reproche par ailleurs au système médical, c'est que tous les pouvoirs sont concentrés dans la personne du médecin. Le patient ne choisit pas vraiment, même pas les options de son traitement en réalité.

— C'est-à-dire ?

— On ne lui propose pas d'options en général, on lui demande rarement son avis. Les protocoles restent imposés.

— Vous partez donc du principe que même en médecine, il peut y avoir plusieurs solutions à la résolution d'un problème ?

— Mais évidemment ! Comme j'ai constaté parfois que le corps médical aimait pratiquer la rétention d'informations. Aux dépens souvent du patient ! Je trouve cela totalement inadmissible.

— Oui, dans l'idée, le médecin sait, le patient ne sait rien, donc c'est au médecin de décider de son devenir sans plus d'explication et de pédagogie…

— Oui, c'est globalement cela, mais heureusement que ce n'est pas le cas de tout le monde. Vous évoquez là l'idée récurrente d'un savoir protégé. Presque jalousement.

— Et dommageable pour le patient…

— Tout à fait… c'est même anxiogène pour la plupart des gens. Comment ne pas appréhender ce que l'on ne connaît pas ou ne comprend pas ?

— Pour vous, la clarté entre le médecin et le patient, c'est essentiel ? Du diagnostic aux soins.

— Indispensable. Le patient doit comprendre sur quoi et pourquoi on agit. Le concept du médecin savant et du patient ignorant, c'est d'un autre âge. C'est dépassé depuis qu'Internet a fait son apparition, notamment « Docteur Google » (rire), et aujourd'hui avec l'essor fulgurant de l'intelligence artificielle.

— Oui, je vous rejoins et c'est de toute manière la demande actuelle. La population est de plus en plus éduquée et sensible aux problèmes de santé. Donc selon vous, la médecine doit progresser sur cette idée et se mettre à la page ?

— Oui. C'est primordial.

— Et utopiste dans le vœu, non ?

— Non. Il suffit que médecin et patient soient sur la même longueur d'onde. Pour que le patient soit vraiment impliqué dans son traitement. Et que les deux interagissent positivement.

— Les protocoles médicaux, à notre époque, sont nombreux, et paradoxalement impersonnels. J'ai remarqué, en tant que patient, qu'il est très facile de se perdre et d'errer dans un « no man's land médical »… totalement abscons…

— C'est vrai. Et s'y ajoute aussi la pénurie de généralistes et de spécialistes. Et le manque de moyens, notamment dans le « public ». Ce qui aggrave ce ressentiment de la population. C'est pour toutes ces raisons que j'ai décidé d'entreprendre dans la santé. Imaginez, que ce soit à votre médecin ou à son remplaçant à qui vous avez affaire, ou même que vous soyez dans un autre pays, toutes vos données générées dans votre profil numérique personnel sont disponibles, et s'enrichissent au fur et à mesure.

Elles deviennent accessibles et analysables, intelligemment. Et imaginez que les médecins, avec le temps gagné, soient davantage disponibles pour vous recevoir et vous expliquer les choses ? Tous les intervenants sont gagnants, non ? Des études récentes ont prouvé que quand médecin et patient travaillent main dans la main et se comprennent, les chances de guérison sont d'autant plus grandes.

— Mais ces informations que vous décrivez sont déjà pour certaines plus ou moins présentes sur la carte Vitale en France, évidemment moins élaborées, mais présentes ?

— *Non, c'est une usine à gaz, toujours très compliqué et trop coûteux. Le parcours du patient n'est toujours pas coordonné, il n'est pas maître, c'est complexe. Les données produites en vie réelle sont disparates, perdues. Il faut simplifier et donner la main aux individus en leur faisant confiance sur le terrain. Cela ne peut fonctionner de façon descendante ou imposée.*

— Ce que vous expliquez ici nous renvoie au chapitre de la « vulgarisation utile ». Et justement, cette vulgarisation ne dessert-elle pas le diagnostic ? Comme l'information ?

— *Non, je ne crois pas, au contraire.*

— Alors, si je peux émettre cette hypothèse, en me faisant l'avocat du diable, pour certains médecins, cette vulgarisation doit paraître insultante…

— *Pour certains oui, c'est une réflexion qui a été entendue, mais pour d'autres non. Majoritairement, je dois dire que les médecins qui se sont rapprochés de mes idées étaient pour cette vulgarisation utile. Elle leur donnait une clé pour se rapprocher de la compréhension du patient et une certaine complicité avec lui, mais aussi son éducation thérapeutique.*

— Le savoir détenu par le corps médical est jalousement gardé par ses membres en général…

— Oui, c'est assez vrai, et j'ai constaté que pour certains c'était presque un concept sacré, quasi religieux…

— Je crois d'ailleurs qu'il est difficile pour les médecins de faire face aux développements récents, sur ces vingt dernières années, de deux phénomènes : Internet et ses sites santé, et la presse grand public et ses rubriques et revues médicales. Là, la vulgarisation est reine.

— C'est également vrai… et tout n'est pas « mauvais », mais le risque est de mal s'informer ; là aussi le risque de mauvais diagnostic est grand. Et le médecin doit pouvoir comprendre la démarche du patient pour la corriger.

— Et le risque de somatisation aussi est important, car sans connaissance, la distinction entre le « bénin » et le « malin » est assez compliquée.

— Exactement. Une maladie bénigne peut rapidement devenir grave sur Internet. Et beaucoup de patients arrivent devant le médecin avec une certaine idée de leur pathologie… parfois grandement exagérée et d'autres fois grandement minorée…

— Une idée déjà faite en somme, et qui par addition, remet en question la compétence et l'intérêt mêmes du médecin pour le patient… et parfois tout est basé sur cette mauvaise information que vous évoquiez plus tôt…

— Oui, c'est aussi pour ça que je propose un pont numérique entre tous les services médicaux et le patient, avec des « plug-ins » qui renvoient vers des sources d'informations fiables et vérifiées. Mais pour aller plus loin sur l'idée de l'information du patient sur sa pathologie, je dirais qu'aujourd'hui la médecine protocolaire est fortement mise à mal par l'intelligence artificielle.

— Du fait de la libre circulation des informations vulgarisées sur les pathologies ?

— Oui, mais aussi du fait des comportements des patients, qui mettent de plus en plus les médecins en difficulté. Les médecins ne peuvent plus aussi facilement qu'avant décider du « sort » du patient. Aujourd'hui, presque tout le monde s'informe effectivement sur sa pathologie avant même d'aller consulter. Je l'ai souvent constaté. Et donc, le protocole médical vole parfois en éclats, car la demande du patient devient autre que celle que le médecin propose.

— Et dans certains cas, et personnellement je l'ai fait, les patients peuvent remettre en cause les diagnostics des médecins.

— Oui… Sacrilège ! (rire)

***

Nous poursuivrons cet entretien pendant quelques minutes, mais ce qui m'apparaît, à la réécoute de l'enregistrement, c'est que le docteur Adnan El Bakri prêche pour une médecine fortement personnalisée. Non plus « *standardisée* » et simplement basée sur « *un arbre décisionnel* » pour le diagnostic. Entendons-nous bien : pour lui l'accès à la médecine doit être universel, mais le diagnostic doit être personnel, comme le soin. Il avancera même ceci, à la fin de cet entretien, je cite :

« Vous verrez que dans quelques années les médicaments ne seront plus "génériques", mais savamment dosés en fonction des caractéristiques médicales de chaque patient. »

Pour Adnan, cela est une évidence. Pour lui la médecine doit évoluer avec le monde qui l'entoure, avec les atouts de personnalisation qu'offre l'intelligence artificielle et surtout, il constate le divorce latent de la population avec la médecine de protocoles. Protocoles qui placent les médecins dans une tour d'ivoire et qui pénalisent la relation entre eux et leurs patients. La mondialisation développe un danger qui est le règne de la pensée unique. Pensée unique qui imprime fortement la marche du monde jusqu'aux comportements politiques et consuméristes des nations. Et paradoxalement, de mon point de vue, l'intelligence artificielle met cela en exergue. Les travaux d'Adnan sont finalement basés sur un principe simple : se servir du phénomène de la mondialisation concerné par l'intelligence artificielle pour à l'inverse, presque à contre-courant, arriver à la personnalisation espérée par le patient.

En résumé, passer de la branche de l'arbre à son fruit.

Sa première entreprise est donc née en 2016, puis son développement fut financé par des levées de fonds progressives mais conséquentes qu'Adnan a mené seul, en partant de rien. La mise en service de la carte était planifiée pour les cinq ans à venir. Le projet a démarré très rapidement et très fortement, en 2021, les réseaux étaient constitués et les acteurs prêts à jouer. Mais, une mauvaise rencontre (qui n'était peut-être pas le fruit du hasard au regard de l'ampleur des ambitions…) mettra un coup d'arrêt à cette belle aventure.

Reste à savoir de quel type de rencontre nous parlons et si Adnan abandonnera la course…

XXI

Un univers impitoyable

Le projet d'Adnan, puis la société créée pour le développer et enfin le commercialiser, ont attiré beaucoup d'investisseurs et surtout beaucoup de mauvaises intentions.

Elles ont aussi fait couler beaucoup d'encre.

Vous l'aurez compris, au-delà de l'aspect philanthropique et universel, il y a aussi la gêne « commerciale » qu'il peut et risque de générer à plus ou moins long terme pour des praticiens exerçants et autres acteurs du monde médical.

Cette situation de crise mérite quelques explications pour les lecteurs. Voici le verbatim du dernier entretien sur le sujet, qui appellera d'ailleurs une suite, car Adnan n'a pas dit son dernier mot. Comme l'entrepreneur.

— Quand avez-vous été confronté aux premières grosses difficultés de votre entreprise ? Aux premiers coups de bâtons ? Car cela va sans dire que le projet n'allait pas fonctionner sans inquiéter ni sans subir des tentatives de captations diverses et variées…

— *En tout premier lieu, je dois d'abord préciser que les difficultés étaient quotidiennes. Comme pour toute entreprise, et à plus forte raison, toute entreprise ambitieuse et à vocation internationale. En revanche pour les coups d'arrêt et les grosses difficultés, provoquées intentionnellement, finalement, c'est apparu à un moment précis. En 2021. Et j'étais obligé en conséquence de placer l'entreprise en liquidation judiciaire en 2022 pour me protéger.*

— La structure globale de votre première société s'est montée en 2016, à cheval sur 2017 ? Les délais que vous annoncez peuvent paraître courts pour des néophytes du monde des affaires. Mais revenons à sa première période, en 2016-17.

— *Oui, c'est exact. Mais nous y reviendrons. J'ai dû, et sans exagérer sur le chiffre, rencontrer plus d'un millier d'investisseurs sur cette première période. Pour parvenir à « lever » seul 5 millions d'euros à l'époque. J'avais aussi sollicité avec succès la banque publique française d'investissement, « Bpifrance »… puis est venu le cauchemar de la période « américaine »… avec une levée de fonds annoncée de 40 millions…*

— Beaucoup d'argent et beaucoup de démarches… un entrepreneuriat à plein temps, donc ? Et un projet concrétisé ?

— *Plus qu'à plein temps. Un entrepreneuriat total ! Immersif ! Et, oui, nous avancions confiants dans sa concrétisation.*

— Combien de salariés sur la première période ?

— *Environ une trentaine. Du personnel hautement qualifié. Des gens remarquables en tout point et porteurs du projet… tout autant que moi, finalement.*

— Leurs missions étaient essentiellement consacrées au développement ? Intelligence artificielle comprise ?

— *Essentiellement oui. Le but était de suivre notre plan d'amorçage.*

— Oui, je me doute qu'il fallait aussi répondre rapidement aux attentes de vos investisseurs !

— *Certes, mais les difficultés sont légion, et pour pouvoir permettre à notre technologie de passer d'un pays à un autre, d'une langue à une autre et d'un système étatique à un autre, croyez-moi, il faut des gens extrêmement pointus et motivés aux commandes comme à la réalisation. Ces capacités et ces qualités étaient rares et avaient un coût.*

— D'où le nombre de salariés relativement important dès le début.

— Exactement. L'argent a filé très vite dans cette phase de développement… mais c'était prévu ! Cela n'avait rien de contrariant. Au contraire, c'était écrit.

— Oui, dans la configuration annoncée, il fallait très certainement arriver rapidement au bout de cette étape logique et entrepreneuriale.

— Oui, pour ensuite procéder à l'appel de nouveaux fonds. Mais avec un résultat affiché et palpable. Et donc partant de ce principe élémentaire de la réalisation de la preuve du concept de l'entreprise, lever des fonds plus conséquents pour l'étape d'après, celle du déploiement et de la diffusion.

— Le parcours du combattant classique de l'entrepreneur… que seuls qui le sont comprennent en fait…

— Avec ses lourdeurs administratives et ses préjugés adjoints… surtout en France… (rires) Quoi qu'il en soit, le projet avait abouti en 2021. Tout était prêt. Mais il fallait recapitaliser pour passer à la suite. Les 5 millions étaient calculés pour les cinq premières années. Au-delà, pour la suite du développement, il fallait beaucoup plus et surtout il fallait de nouveaux partenaires. Et l'ensemble du conseil d'administration validait cela ; mais c'est là que j'ai fait « la » mauvaise rencontre. Et, avec le recul, j'ai la conviction aujourd'hui que ma société a été victime d'un coup monté. Très bien orchestré d'ailleurs, il faut le reconnaître.

— Comment ça ?

— Le principal investisseur qui a répondu à la levée de fonds que j'ai organisée, à la hauteur de 40 millions d'euros, n'a jamais honoré ses engagements contractuels. La société a été volontairement coulée par des agissements frauduleux et inqualifiables. Société, qui en conséquence, s'est retrouvée totalement bloquée, les investissements signés et annoncés n'étant jamais arrivés… Nous avons dû nous résoudre à licencier, et assez rapide-

ment. C'était catastrophique, non seulement du point de vue de l'humain, mais aussi du point de vue financier, comme personnel et moral !

— Pour bien comprendre : qui était cet investisseur et comment les choses se sont-elles exactement passées ?

— L'investisseur était une petite société américaine de gestion de fonds et qui investissait soi-disant dans les technologies médicales. Nous avons négocié et signé un contrat pour cet investissement, après 6 mois de vérifications où ils ont passé l'entreprise et ma vie au peigne fin, sans parler du battage médiatique déclenché… et sur leurs impulsions pour ce dernier point. À en lire leurs différents communiqués, ils avaient passé avec nous le contrat du siècle. Des propos que la presse internationale et surtout française a relayés copieusement, jusque dans la région de mon domicile !

— Donc, au bout d'un certain temps, une fois l'effet d'annonce passé, les investissements contractuels n'arrivent pas au compte de votre société ?

— Tout à fait. Nous avions pourtant validé ensemble un business plan… et ils l'avaient même annoncé par voie de presse, encore une fois. Et ils nous promettaient monts et merveilles ! Le peu d'argent disponible a fondu comme neige au soleil par rapport à ce business plan justement. Et ils étaient particulièrement au courant du timing des échéances, comme des décisions et des attentes du conseil d'administration de mon entreprise. Conseil, où évidemment, ils avaient voix. Ils ont aussi imposé nombre de décisions dures en contrepartie de leur « investissement », jusqu'au changement même des noms de la « marque » et de la société, PassCare devenant ReLyfe, et sur mon rôle, qui devait être de gérer et de piloter l'ensemble depuis les États-Unis !

— Donc, la mise en difficulté de l'entreprise était voulue par cet investisseur et mauvais payeur, selon vous ?

— *Comment l'expliquer autrement… ils se sont même offert le luxe de ne pas répondre à nos demandes, même juridiques, et ce pendant plusieurs mois consécutifs… nous laissant dans un flou total particulièrement dommageable et préjudiciable !*

— Tout était donc fait pour que vous buviez la tasse… vous avez vécu une noyade assistée en quelque sorte…

— *Les actionnaires et conseils de l'entreprise ainsi que nos avocats ont affirmé « qu'ils n'avaient jamais vu ça »… comme nos banquiers d'ailleurs. Mais cela ne changeait rien. Nous étions pris dans la nasse et entraînés irrémédiablement vers les hauts-fonds.*

— De la façon dont vous vous exprimez, on pourrait sans rougir avancer l'hypothèse que vous avez été victime d'une escroquerie ?

— *La question est à l'ordre du jour. Et on s'y penche avec intérêt. Un fonds réglementé qui adopte ce genre de comportement, c'est inédit ! Ils risquent leurs agréments dans cette histoire ! Leurs excuses se sont succédé, mais sans effet. Et juridiquement, le contrat nous bloquait. Je ne pouvais pas faire réinjecter de l'argent de la part d'un tiers. Et pourtant certains investisseurs le souhaitaient. Il n'y avait plus de possibilités légales d'avancer ou de reculer.*

— À part peut-être faire sortir les Américains du jeu en pointant les manquements ?

— *Encore aurait-il fallu qu'ils témoignent de leur volonté de sortir ! Là, non, ils n'ont fait que gagner du temps en nous faisant perdre le nôtre. Jusqu'au point de non-retour. Jusqu'à notre décision de liquider l'entreprise. C'était une véritable cabale ! N'oublions pas que les intérêts autour de notre projet étaient énormes avec quelques vrais changements dans la distribution de la richesse médicale… comme dans la transformation de la connaissance en richesse effective.*

— Et ce bouleversement n'était évidemment pas attendu par tous les acteurs de ce microcosme.

— C'est ce que nous nous disons effectivement. Quoi qu'il en soit, ils nous ont obligés à déposer le bilan.

— Et les organismes bancaires ont fait marche arrière ?

— Bien obligés : à cause de tout ceci, la sécurité financière n'était plus garantie. La faute n'est pas sur nous ni sur les banques. Tout reposait sur ce contrat américain qui était non honoré. Et la procédure de conciliation ouverte à ma demande, pour tenter de trouver des solutions ou une voie de sortie, n'a rien donné. Le Tribunal de Commerce était à mes côtés mais impuissant. Il y a en fait peu de recours efficaces dans ce genre de situation…

— Vous envisagez un recours en justice pénale ?

— À titre personnel oui probablement. Et j'essayerai d'embarquer tous les participants actifs au projet, toutes les victimes, salariés comme investisseurs initiaux. Au nom de l'entreprise, je ne peux plus rien faire. J'ai perdu énormément, humainement et financièrement, dans cette incroyable histoire. Mais heureusement, je ne suis pas seul. Des personnes influentes et probantes m'accordent toujours leur confiance. Et nous avons décidé de nous battre.

— C'est donc toujours votre souhait d'aboutir ?

— Plus que jamais. Les faux et usages de faux, en ma possession, entre autres, ne joueront pas en leur faveur. Comme ceux qu'ils ont utilisés pour réaliser leur propre levée de capitaux, sur mon dos ! Et ce n'est pas parce qu'il y a eu cette politique d'« empêchement » que je renoncerai. Nous ne l'avions pas fait par manque de moyens à l'époque. En tout cas, cette entreprise de démolition n'aura que l'impact que la justice voudra lui donner.

— Vous êtes confiant pour les suites juridiques ?

— Oui, car ni moi ni personne au sein de ce qui fut cette société n'a commis d'écarts ou de fautes. Par contre du côté de cet investisseur américain, on ne peut pas en dire autant. Ce qui complique un peu les choses, c'est le fait que les lois américaines et européennes et a fortiori françaises ne sont pas les mêmes… Et donc les recours comme les actions découlant de ces recours s'en trouvent contraints.

— Donc du long terme pour un retour de bâton…

— Certainement mais pas forcément, de toute façon je suis encore jeune ! (rire) Il y a peut-être des raisons à cette manipulation frauduleuse… elles peuvent être politiques, industrielles, étatiques… ou simplement tristement liées à des personnes… les opposants peuvent être nombreux… La transparence que je revendiquais, sur le suivi du patient avant, pendant et après toutes pathologies, peut entraîner de nombreux conflits d'intérêts. Rappelons que la solution que nous destinions à la commercialisation était nourrie d'intelligence artificielle en vraie vie avec donc de possibles prédictions sur les maladies faites au moyen d'algorithmes avancés et uniques, et le tout mis en place par une ingénierie à la pointe de la technicité… ce qui condamne un nombre incalculable d'actes médicaux inutiles par exemple…

— Inutiles et pourtant facturés…

— Voilà…

— Donc nous parlons bien d'un concept révolutionnaire pour le patient et sa santé, mais aussi d'un concept qui agit sur la redistribution des richesses issues du monde médical. Cela ne pouvait que mal se passer. Sans être pessimiste.

— Peut-être, mais je veux croire que cela n'est qu'une leçon de l'histoire, et a fortiori, de mon histoire personnelle. « On » m'a dépouillé jusqu'à

hauteur du nom de mon invention. Donc ma prochaine récidive entrepreneuriale à venir bientôt sera différente, l'idée et les recherches sensiblement améliorées, l'intelligence artificielle a par ailleurs beaucoup évolué depuis, et même si les partenaires seront différents, je ne ferme pas la porte aux personnes honnêtes et sincères qui ont participé au montage de la première tentative. Où qu'en soient aujourd'hui nos rapports.

— J'avais reçu des articles de presse vous concernant, il y a quelques mois, au moment où nous commencions notre projet de livre, envoyés je le suppose par des gens pleins de bonne volonté à votre égard, au moment du clash, pour ne pas dire du krach, et où j'ai constaté qu'une certaine catégorie de presse, qui ne devrait pas sortir de sa vocation régionale, du moins pour garder du crédit auprès de ses lecteurs avertis, vous a particulièrement jugé, mais à charge. Totalement à charge.

— Oui, c'est vrai… Je ne prendrai pas la peine de relater ici les propos mensongers et manipulés tenus à mon égard, mais cela frise le procès en diffamation en conséquence directe… Ce n'était pas la liberté de la presse, mais la liberté de vouloir détruire !

— Comme pour ma part, je ne ferai pas gâcher de papier et d'encre à l'imprimeur pour les relater, nous sommes d'accord… mais sorti de là, cela n'a pas dû être évident à gérer émotionnellement d'être à la fois victime d'une escroquerie plus que conséquente, et aussi accusé à tort de l'autre côté, de fautes qu'aucun tribunal ne reconnaîtrait et qui n'ont d'ailleurs jamais existé.

— Oui… mais je suis conscient de ce que j'ai fait et de qui je suis, si je puis m'exprimer ainsi. Et ces attaques, auxquelles pour l'instant je n'ai pas répondu, ne sont pas ma priorité. Mais je n'oublierai pas cette campagne de dénigrement orchestrée contre moi et cette entreprise de destruction me visant, j'agirai en conséquence quand le moment sera venu.

— Je vais citer Michel Audiard : «La bave du crapaud n'atteint pas la blanche colombe. » Vous en faites une maxime personnelle ?

— (Rire) Oui, je pourrais. Mais il y a aussi beaucoup de gens qui me soutiennent. 95 % des personnes qui se sont investies au départ dans ce projet, me soutiennent. Encore et toujours. Mais les caricatures d'une certaine presse de bas niveau à mon sujet, puisqu'il s'agit clairement d'une déformation de la réalité, visant à salir mon image et à freiner mon ascension, caricatures imaginées par des gens incompétents et mal informés, manifestement jaloux, ont raison sur une chose : j'ai trop communiqué et trop voulu, dans un premier temps, m'afficher et défendre cette transparence que je revendiquais.

— Mais ce n'était pas votre caractère de «vivre caché »…

— Mais cela le devient. J'ai appris à me protéger et à ne plus faire confiance facilement, surtout à ne pas tout partager avec tout le monde.

— Comme disait mon aïeul, « À qui fait mal, mal arrive »… Le temps des remises à l'heure arrivera. En attendant, comment allez-vous, vous et votre famille après cette tempête ?

— La solitude de l'entrepreneur, surtout après un premier échec, je l'ai goûtée. Mais je suis passionné par ce que je fais, je suis un éternel optimiste, et toujours déterminé pour la suite, donc tout va bien, surtout quand j'essaye de voir tout ce que j'ai réussi par ailleurs, sans en être satisfait tout de même car il y a tellement à faire encore dans ce monde qui va mal.

— Passion qui ne compte pas les heures de travail. Ni l'accaparement intellectuel. Cela a en général des conséquences directes sur l'entourage le plus proche.

— Et qui m'ont conduit en effet à mon premier divorce en fin de première période de création de l'entreprise. Ma première épouse m'a beaucoup aidé, surtout quand j'ai dû quitter la chirurgie et stopper mes revenus, je lui dois beaucoup, elle était dévouée et me faisait confiance, elle s'est beaucoup investie à mes côtés dans le lancement de ma première entreprise, mais de l'amour, nous sommes passés à l'affection. Puis à l'amitié. Les femmes sont beaucoup plus réalistes que nous sur ces choses de la vie. Ma seconde épouse a aussi mis beaucoup de choses entre parenthèses. Mais les choses étaient différentes, nous avons eu la naissance d'une petite merveille, avec un syndrome génétique... Et globalement aucune condition du destin n'a été favorable à la pérennité de notre couple malgré un « coup de foudre » initial… Nous nous sommes également séparés en restant en très bons termes. Dire que je ne souffre pas de la situation actuelle serait mentir. Il me faut reconstruire. C'est beaucoup plus facile à dire qu'à vivre. Mais j'assume mes décisions et leurs conséquences, comme toujours. Et sincèrement pour résumer, je ne les remercierai jamais assez de tous les bons souvenirs et des trésors d'amour et de compréhension que l'une comme l'autre m'ont donnés. Nous restons les meilleurs amis du monde. C'est l'essentiel.

— Ces situations sont périlleuses, et les ennuis volent toujours en escadrille, ceci pour paraphraser Jacques Chirac. Vous tenez le coup ?

— Oui, ne vous inquiétez pas, ce qui ne détruit pas rend plus fort, et ce n'est pas une idée simple que je lâche comme ça, pour me satisfaire de la réponse. Mais je préfère affronter ces ennuis et ces déceptions seul. Mon histoire est assez atypique, j'en suis conscient. Je suis désormais père et je dois rester fort. Pour elle. Pour ma fille. Pour mes proches qui sont toujours à ma charge... Pour toutes les belles personnes qui me soutiennent, en France, comme au Liban et ailleurs. Et enfin pour les patients du monde et l'avenir de la médecine, c'est je crois ma mission dans ce monde, absolument rien ne m'arrêtera !

— Merci Adnan, de toutes ces précisions forcément attendues par les dizaines de milliers de personnes qui vous suivent et que vous inspirez. Je souhaite sincèrement pour vous, que non seulement la justice sera rendue, mais que toute la lumière sera également faite sur cette affaire. Car votre projet est salvateur et utile.

***

Pour ma part, je garde confiance en Adnan et je souhaite qu'il parvienne à rendre la monnaie de leur pièce à ses mauvais détracteurs. Quoi que le sort lui réserve, je lui souhaite de garder son cap et de ne pas perdre de vue les raisons qui l'ont poussé à créer tout ça. Je choisis de partager ici en photo un commentaire extrait de l'un des nombreux témoignages, retrouvé sur l'une de ses pages :

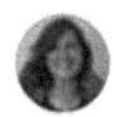

Maha Mawlawi Richet Un parcours exemplaire Adnan!, Je salue ta persévérance, ton dynamisme, ton enthousiasme, ton esprit créatif et innovateur. Tu as fais bouger les choses certes en prenant des risques. Mais, ta place est au delà de cette liste de meilleurs entrepreneurs libanais, car au delà de ta réussite professionnelle dans le domaine de la santé, tu as pu apporter à l'humanité un nouveau regard de bienveillance et d'empathie,. Rien ne vaut ce succès . Fière de toi cher Adnan! Bravo!

XXII

Le Phénix

Ce dernier entretien, réalisé pour la finalisation du récit de ce premier « épisode » de la vie d'Adnan, intervient sous le double impact de la fin de sa première grande aventure entrepreneuriale, et de la naissance d'une nouvelle perspective extrêmement prometteuse, avec de nouveaux partenaires et surtout de nouvelles dispositions, à l'ère où l'intelligence artificielle commence à se démocratiser.

Et il y a quelques surprises à venir, toujours dans un but noble et toujours dans la « case » médecine et intelligence artificielle. Une belle revanche à prendre.

J'ai personnellement noté l'acharnement de certains journalistes et médias locaux, envers Adnan le « PDG », le chef d'entreprise. Et je tiens ici, dans ce livre, à me faire le porte-parole de toutes celles et ceux qui croient en lui, de plus de 130 000 fidèles « followers » à l'heure où je rédige ces lignes : il faudra rendre des comptes par rapport aux propos dénigrants et diffamants tenus contre lui.

Et surtout, à l'avenir, mieux comprendre les tenants et les aboutissants d'une « affaire » avant de tirer les marrons du feu. Cependant, une chose est certaine : si ces derniers mois ont été contraignants et extrêmement difficiles pour Adnan, sa volonté est intacte, et tel le phénix, il paraît renaître de ses cendres. L'histoire est connue, non ?

Voici donc mon dernier échange avec Adnan, qui vous le verrez, laisse la porte ouverte à toutes les prérogatives et tous les espoirs concernant une « autre médecine ».

— La période est difficile et tendue, dans son contexte économique, dans ses appréhensions sociales, dans sa géopolitique, dans ses perspectives générales… et pourtant, même après avoir subi les foudres d'une liquidation judiciaire, des banques

et de certains partenaires, des huissiers et des avocats, de la concurrence et du milieu médical, après avoir subi une escroquerie
d'un calibre international et des méthodes de voyous, vous re-
bondissez, vous sortez de votre première boîte comme un
diable et vous imaginez et créez une nouvelle structure. Pour
donc de nouveaux projets ?

*— Bien sûr, ma volonté de poursuivre mes desseins est intacte. Par ailleurs
je déteste l'injustice et donc mon souhait est aussi de faire la lumière totale
sur ce qui m'est arrivé, dans l'objectif de prévenir, de partager mon expérience et d'inspirer les autres.*

— Les pérégrinations judiciaires et les conséquences sont terminées. Votre honnêteté est intacte malgré toutes les
tentatives. Rien n'a réussi à vous déstabiliser. Vous remontez
la pente et disposez désormais de preuves solides. Êtes-vous
prêt à les publier ou à les mettre à disposition de quelqu'un
qui veuille vous aider ?

*— Oui je le ferai en temps voulu. Je suis la principale victime mais pas
la seule. Loin de là. D'ailleurs, on ne se rend pas compte, avant de l'avoir
vécu, à quel point la création d'une entreprise est un parcours du combattant et en parallèle à quel point une liquidation judiciaire peut être
violente ! Heureusement, j'avais anticipé beaucoup de choses…*

— Ceux qui ont connu ce drame à titre personnel, moi le premier, ne peuvent que soutenir votre propos. Rien que la teneur
du mot est en elle-même tout un programme : liquidation.

*— Oui, en quelques semaines, sur ma décision acceptée par le tribunal,
à laquelle s'ajoutent la pression financière et la pression administrative et
médiatique, des années de travail, des milliers d'heures d'investissement
personnel, et toute une équipe, tout se retrouve anéanti… L'aventure
s'arrête, les victoires passées s'effacent au profit de la grande perte, de la*

saignée ultime… et tout est clos. Sauf les conséquences. Mais l'entreprise est morte, c'était mon autre « bébé ». Et c'est presque une part de vous-même qui disparaît dans le naufrage. Mais c'est une vraie et excellente expérience à vivre malgré tout car je pense que cet échec m'a été très instructif, mes succès d'avant ne m'avaient pas appris grand-chose en fait !

— Nous ne parlons pas de la liquidation judiciaire du bar-tabac du coin, mais d'une entreprise d'une valeur à ce moment-là de 75 millions d'euros… qui avait pour ambition de diffuser son passeport de santé à l'international… et le but était avant tout d'aider les patients et d'améliorer la médecine…

— *D'autant plus dure est la chute… les espoirs déçus, la régression, c'est terrible à vivre, surtout quand on a tout donné à l'idée comme au projet. Encore une fois, cette violence de la procédure est indescriptible… cette multinationale humaniste que nous avons créée n'a pas été tuée, mais exécutée ! Ils ont réussi l'impensable… rien de ce que nous avons entrepris pour nous sortir du piège n'a fonctionné, oui nous nous sommes fait piéger comme des enfants. Personne n'a rien vu venir, personne n'a rien compris, ni comment ils sont arrivés à ce résultat, ni comment ils ont pu manipuler et jouer sans complexe avec de telles sommes d'argent… Les banques françaises en sont encore choquées… comme nous, comme nos partenaires, comme moi…*

— Comment ont réagi vos partenaires dans l'ensemble… ils vous ont soutenu ?

— *Dans un premier temps, comme une certaine presse ou journaliste sans notoriété et à la recherche de « buzz », comme certains « amis », ils ne voyaient que la responsabilité du fondateur… j'étais le maudit… le perdant… tout était de ma faute. Rien de ce que je disais n'était compris ou écouté ; je prêchais dans le désert. J'ai traversé le désert d'ailleurs. J'ai vécu cette fameuse solitude absolue de l'entrepreneur que nous avions évoquée précédemment.*

— Mais j'ai lu aussi que vous avez réussi à rétablir la vérité peu à peu… à convaincre de votre bonne foi…

— *Oui, au fur et à mesure, mais ceux qui avaient accès au dossier le savaient, simplement moi je ne pouvais pas sortir du cadre confidentiel… mais certains, malgré leur connaissance de la réalité, n'ont pas changé de ton. Je fais un coupable plus probant, il faut croire…*

— Mais le tribunal vous a donné raison ! Il ne vous a pas incriminé.

— *Oui évidemment… cela a remis de la distance avec mes détracteurs et surtout, ça a restauré mon honneur… même si certains dégâts faits dans ma vie privée sont irréparables, désormais.*

— Il n'y a donc aucune action contre vous, d'un point de vue judiciaire ou pénal ? Vous ne portez pas la responsabilité de cette banqueroute ?

— *Aucune. Rien. Depuis le début. Je reste d'ailleurs détenteur de la propriété intellectuelle de tous mes travaux, et je ne suis frappé d'aucune interdiction de gestion ou autre, je continue par exemple à gérer tout à fait normalement et en toute liberté mes sociétés civiles, immobilières, patrimoniales ou familiales et mes autres investissements.*

— Et au niveau financier ?

— *J'ai perdu énormément dans cette histoire, j'avais la moitié des parts de l'entreprise. Le préjudice est lourd. Sans parler de toutes les conséquences indirectes.*

— Devant un tel déchaînement de violence, et là je reprends vos propres mots, vous n'avez pas eu envie de tout plaquer et de repartir vers autre chose ? Après tout, vous êtes CHIRURGIEN. Vous avez 37 ans. La vie est devant vous !

— *Non. Je n'ai jamais pensé à tout plaquer. Je voulais d'abord défendre mon nom, mon honneur et les miens. Je suis parti un temps au Liban pour me ressourcer. Et me recueillir. Ma tante, celle qui est à la base de tout pour moi, est malheureusement partie vers d'autres cieux. J'avais besoin aussi de revoir la Méditerranée, mes plages, Tripoli, ma famille et surtout mes parents. Mais je n'ai pas cessé de me battre pour autant. J'avais seulement besoin de me retrouver.*

— Avant l'été 2023, nous avions mis le livre en stand-by, sans bien nous l'avouer, vous comme moi… moi par respect pour votre situation plus que prenante, connaissant les affres de ce que vous viviez, et vous, par besoin de réflexion. Du moins, c'est comme ça que je l'ai ressenti.

— *C'est vrai… mais vous savez que je ne voulais pas terminer ce premier récit de ma vie sur une note négative, sur un constat d'échec, et vous me connaissez maintenant suffisamment pour savoir que je n'allais pas coucher les pouces sur mes projets. Ils ont trop d'avenir et concernent tellement d'humains pour que je renonce à cette médecine pour tous, égalitaire et progressiste. Toutes ces années d'efforts et de recherches, tous ces travaux liés à l'intelligence artificielle, toutes ces études et tous ces sacrifices, je ne pouvais les laisser vains.*

— La santé de demain…

— *Oui, c'est le terme… il fallait que je prédétermine tout cela, que je me recentre et que je m'extirpe du piège où je suis tombé.*

— Oui, alors nous allons aborder maintenant, si je vous ai bien compris, votre nouvelle charge héroïque vers la médecine de demain ?

— *Oui ! (Rires) Sur des bases plus saines, plus solides, plus prudentes et plus expérimentées. Et peut-être la possibilité plus tard de rendre la monnaie de leur pièce aux pirates qui nous ont dépouillés…*

— Vous pouvez nous en dire plus ?

— *Tout ce que je peux vous dire à ce stade, c'est que dans chaque échec il y a la graine d'un succès équivalent, et que j'ai appris de mes erreurs passées ; ce qu'il s'est passé, je ne le considère pas comme une défaite mais comme une leçon, c'est simplement l'opportunité de recommencer, cette fois de manière plus intelligente, je ne perds pas mon enthousiasme, jamais. Vous savez, le plus grand échec est de ne pas avoir le courage d'oser.*

— Est-ce que vous allez encore lutter contre des tabous ? Contre des systèmes « bien installés », contre des trusts médicaux ou informatiques si je comprends bien…

— *Oui, qu'on le veuille ou non, l'intelligence artificielle sera amenée à réguler les protocoles médicaux, et les données, c'est ce que j'explique depuis des années, sujet dont j'étais hier le précurseur, je veux demain en être le promoteur. Pour ma part, pour la suite de mon chemin que je continue à tracer sans dévier de trajectoire, la seule chose qui change peut-être, c'est que je ne serai plus aussi transparent que par le passé sur mes idées, sur mes plans, et je vais aussi probablement devoir mettre ma gentillesse en stand-by, car elle m'a desservi. J'ai accordé trop facilement ma confiance ; et aux mauvaises personnes. Dans ces affaires-là, c'est la jungle. Et je ne veux pas finir dévoré par un prédateur lambda.*

— Mais, il est évident que dès lors que l'on appartient à un milieu particulier, et à plus forte raison au milieu médical, et que l'on sort des sentiers battus, voire que l'on combat la bêtise ou l'inertie, et peut-être même l'inertie de la bêtise, on se fait des ennemis. Vous seriez militaire ou policier, ou juge, cela serait non moins dommageable…

— *Oui, et s'y rajoute la jalousie, la peur aussi…*

— La peur ?

— *D'avoir tort, de l'admettre, mais de participer quand même à une hérésie…*

— C'est presque un langage religieux que vous tenez là !

— Oui, certaines croyances de certains corps de métiers le sont presque... je l'ai vécu... est-il utile de le rappeler ?

— Non. Effectivement.

— Ces derniers mois, j'ai reçu tant de coups de poignard dans le dos, jusque dans ma propre maison, que ce qui ne m'a pas tué m'a certainement rendu plus fort. J'avance quoi qu'il arrive et je ne cèderai rien. L'entrepreneuriat est une guerre permanente. J'ai bien compris la leçon.

— Pour résumer votre idée ?

— La médecine doit être égalitaire, prédictive et préventive, moderne et précise, plus humaine et plus efficace. Et les protocoles doivent être revisités, personnalisés et vérifiés avec l'aide de la technologie. Je n'en sortirai pas. La santé doit aussi être universelle et je ne changerai rien à ce sacerdoce. Toute ma vie, je me battrai pour ce principe ! En fait, je vais vous dire, cela me touche dans ma chair, puisque la médecine d'aujourd'hui ne sait toujours pas pourquoi ma fille est née avec son syndrome, alors que sa maman et moi n'avons rien, et quel est son devenir, c'est flou, on est largués...

— Et ce postulat fait des émules, puisqu'à ce jour plusieurs dizaines de milliers de personnes en France et à l'international vous suivent sur différents réseaux sociaux, partagent vos publications et vous témoignent leur gratitude non seulement pour vos travaux, mais aussi pour vos idées progressistes. Vos conférences sont toujours pleines à craquer.

— Oui, et je les en remercie sincèrement, et c'est aussi eux qui me donnent l'envie d'avancer et de continuer. Et ça en soi, c'est une réussite ! En France comme au Liban, comme ailleurs, j'ai pu interagir avec beaucoup

de gens, inspirer et aider beaucoup de parcours et de personnes. C'est ma plus grande joie. Mais ma plus grande fierté est unique, elle s'appelle Lila, oui vous l'aurez compris, c'est Leila qui a inspiré son prénom, elle est dorénavant le leitmotiv principal du prochain épisode de ma vie, que je raconterai dans un futur livre. J'ai envie de clore ce premier chapitre de mon existence en lui adressant ces mots. Sachant qu'avec son syndrome génétique, elle ne pourra peut-être jamais lire ces lignes, ou parler, mais je suis convaincu qu'elle peut d'ores et déjà les comprendre ou les sentir, surtout quand sa formidable maman va lui lire ce bouquin comme une histoire avant son dodo, et avec quelques petites larmes…

— Lila mon bébé d'amour, n'oublie jamais à quel point tu es spéciale, il n'y a personne d'autre comme toi dans ce monde, sache que les rêves sont comme des étoiles, tu ne peux pas les toucher, mais si tu les suis, ils te guideront vers un avenir merveilleux, je sais que tu es capable de choses extraordinaires, en 3 ans tu as déjà surpassé le courage de ton papa, n'oublie jamais de croire en toi, la vie est un voyage avec des hauts et des bas, mais chaque étape va te rapprocher un peu plus de tes rêves, sois courageuse, sois audacieuse, sois toi-même, le monde a besoin de ta lumière rare, crois-moi la force ne vient pas de tes muscles, ni de tes articulations, mais de ton courage de persévérer même dans les moments difficiles, comme papa, tu es plus forte que tu ne le crois, les échecs ne définissent pas qui nous sommes, apprends, grandis et continue d'avancer, suis toujours ton cœur, il te guidera vers des endroits étonnants. Leila, Najwa et Leslie sont mes étoiles brillantes là-haut, et toi chérie tu es mon étoile vivante ici. Je suis reconnaissant chaque jour de t'avoir comme fille.
Sache enfin que tu as une super maman que j'aime beaucoup quoi qu'il arrive, et qui m'a offert, malgré tout, le plus beau cadeau du monde.
Tous ensemble nous allons y arriver, tout va bien se passer, le chemin importe peu, seule compte la destination.

À suivre…

Postface d'Adnan

À Leslie, sa patiente et amie,
partie en 2016, à l'âge de 35 ans,
vaincue par un cancer

Je te partage ici ma pensée, comme à nos habitudes, en ce jour qui aurait dû être rempli de tes rires et blagues.

Tu voulais que je raconte mon histoire dans un livre, le voici.

Alors je prends un moment pour me souvenir de toi avec une profonde affection et une gratitude infinie.

Les années passent, mais ton sourire radieux et ta force incroyable restent gravés dans mon cœur.

Ta vie a été bien plus qu'une série d'événements très durs, elle a été une source d'inspiration perpétuelle.

Tu as traversé des tempêtes avec une grâce qui a touché tous ceux qui ont eu le privilège de te connaître, notamment Audrey et moi.

Chaque fois que je me sens dépassé, je repense à ta détermination inébranlable, et cela me pousse à aller de l'avant.

Lorsque je contemple le chemin que j'ai choisi depuis ton départ, je réalise à quel point tu as influencé ma trajectoire.

C'est grâce à toi que j'ai eu le courage de quitter la chirurgie, là où je n'avais pas vraiment réussi à te sauver (même si tu m'appelais « mon sauveur »), pour entreprendre une nouvelle voie dans le monde médical.

Ton esprit vivant m'a inspiré à explorer de nouvelles façons d'apporter un changement positif, de repousser les limites et d'innover.

Chaque pas novateur que je fais dans mes nouvelles aventures est guidé par ton souvenir et nos sincères discussions.

Les défis que je surmonte, les réussites que je célèbre, tout cela porte une empreinte de ton influence bienveillante.

Tu avais allumé en moi une flamme de créativité et de persévérance, et je m'efforce chaque jour de faire honneur à ton héritage en poursuivant la voie que tu m'as indirectement tracée.

Je savoure la manière dont tu as redéfini mon chemin de vie. Ce fil désormais invisible qui relie nos âmes continue de me guider, et chaque succès que je réalise est un hommage à notre amitié éternelle.

Que ton visage continue de briller dans les étoiles, et que ton influence continue d'inspirer ta fille Milla, tout comme la tienne a inspiré la mienne.

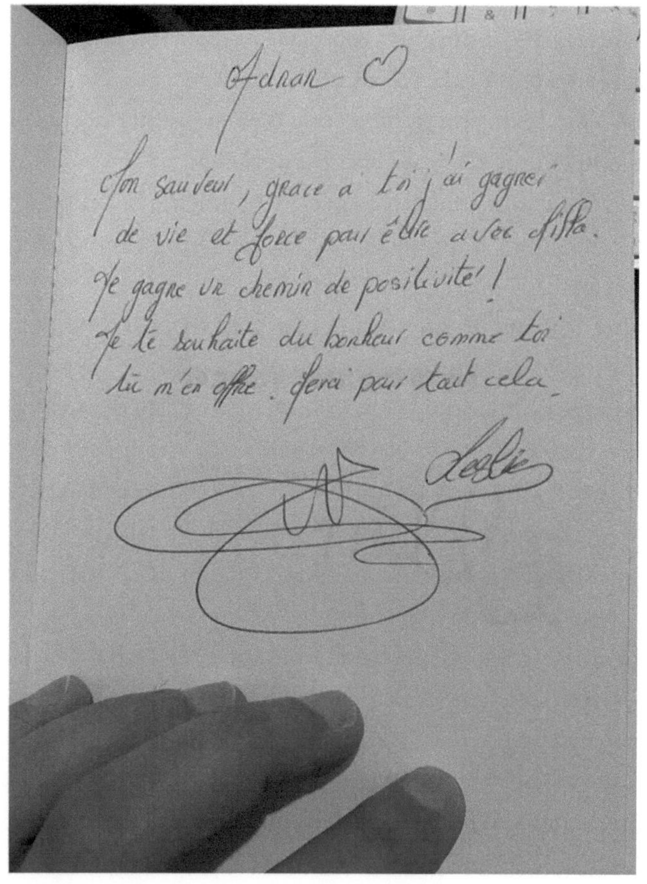

Hommage d'Adnan

À sa tante Najwa, partie en juillet 2023

Le souvenir que je vais partager ici revêt une signification toute particulière pour moi.

Je vais tenter de capturer avec des mots un moment précieux de novembre 2022 gravé dans mon cœur, qui malheureusement ne se reproduira plus.

Je souhaite figer ici une image dans laquelle se trouve ma tante Najwa, ou « *kholti habibti* » comme je l'appelais, une femme extraordinaire avec qui j'avais un lien indéfectible.

Elle a accompagné avec tellement d'amour et de tendresse chaque journée de ma vie depuis ma naissance.

C'était rare qu'elle accepte de sortir mais j'avais réussi à la convaincre de venir avec nous ce jour-là, pour l'anniversaire de ma mère. Si je savais que c'était alors le dernier repas que nous partagions ensemble, chez *Dar El Amar* à Tripoli, mon restaurant préféré…

Avant que la vie ne nous réserve un tournant tragique.

L'été dernier, elle a été frappée par un AVC grave.

On me l'a caché au début, encore une fois, pour soi-disant « me préserver », et pourtant on aurait pu la sauver.

L'un des hôpitaux a demandé 5 000 € de dépôt préalable à son hospitalisation, entre autres problèmes insupportables d'accès à des soins urgents, vitaux.

Ils ont fini par chercher un autre hôpital moins cher.

Je n'étais pas au courant.

Bref, avec un retard de prise en charge de plusieurs heures, c'était fatal, le sang ne passait plus dans 75% de son cerveau.

La frustration qui est la mienne aujourd'hui est indescriptible car je devais veiller sur elle et la protéger, non seulement j'ai échoué, mais en plus j'étais loin d'elle.

15 ans après Leila, l'histoire se répète, et rien n'a changé.

Son sourire que vous allez voir sur la photo ci-après représente bien plus qu'une simple joie.

Il incarne l'amour immense et l'incroyable complicité qui caractérisaient mes retrouvailles avec elle.

Son regard, ses éclats de rire et les conversations animées sont autant de souvenirs précieux que je chéris aujourd'hui avec une intensité douloureuse.

À la fin de ce dernier repas, elle m'avait dit : « *Habibi j'ai passé la meilleure soirée de ma vie* » en libanais.

Et je me souviens de ne jamais l'avoir vu manger avec autant d'appétit.

Puis on s'est dit au revoir avec un énorme câlin comme d'habitude, je suis reparti en France.

C'était la dernière « *3abbouta* ».

La vie est tellement fragile, imprévisible, et cette nouvelle expérience m'a rappelé combien il est important de vivre à fond chaque instant.

Elle a aussi ravivé en moi l'urgence d'agir pour l'accès aux soins.

Je t'aime *kholto* de manière inépuisable et je suis profondément triste mais déterminé à poursuivre mon chemin pour que tu continues à être fière de moi.

Il y a un avant et un après toi.

Nous nous retrouverons quelque part.

Ne vous découragez pas ;
C'est souvent la dernière clef du trousseau qui ouvre la porte.

Paulo Coelho

Bibliographie du Dr. Adnan El Bakri :

Bibliographie de
Yoann Laurent-Rouault

Yoann Laurent-Rouault est le directeur littéraire et artistique de JDH Éditions depuis 2019. Formé aux Beaux-Arts de Rennes en communication sur le rapport texte/image, il en sortira titulaire du DNAP en 1997 & du DNSEP avec mention en 1999 (+ 5). Il enseignera un temps (comme professeur agrégé d'art plastique), puis se tournera vers l'entrepreneuriat (événementiel) puis vers les métiers de la communication, de l'édition et de la publicité.

Yoann Laurent-Rouault est aujourd'hui un artiste visuel reconnu avec plus de 600 illustrations éditées entre 2019 et 2023 sur 26 titres et 4 maisons d'édition en collaboration avec près d'une dizaine d'auteurs. Il a aussi réalisé plus de 200 couvertures de livres (dont certaines ont été primées par le public, sur Babelio par exemple) pour différentes maisons d'édition et plus d'une centaine d'auteurs à ce jour. Il a collaboré également avec différents partenaires de la presse numérique et écrite comme caricaturiste ou dessinateur de presse.

Yoann Laurent-Rouault est également l'auteur remarqué de plus de 70 titres parus depuis 2005 (romans, nouvelles, pamphlets, journaux, adaptation, théâtre, dossiers documentaires historiques ou littéraires, préfaces documentées, livres illustrés, etc.). Son activité de biographe et de biographe d'entreprise compte à ce jour 15 titres parus ou à paraître. Vous pouvez retrouver ses écrits sur La Librairie Gallimard, Barnes & Noble, FNAC, Amazon, Eyrolles, Librairie Mollat et sur plus de 130 points de vente.

Entrepreneur, passionné par les médias, il est également rédacteur en chef de **la revue littéraire** *L'Édredon* et il collabore avec différents médias et supports web et avec différents organes de presse, notamment pour le magazine *Entreprendre* (lafontpresse.fr.) Vous pouvez le retrouver sur plus de 400 articles de presse et interviews parues (Bruno Cras, Maryssa Rachel, J.-D. Haddad...).

YLR est également producteur, concepteur et animateur d'émissions de web TV, parmi lesquelles **La route des livres** ou encore **Net ou pas Net** (YouTube et JDHTV). Voici ci-dessous un aperçu de ses publications à compte d'éditeur les plus récentes.

Biographies et livres d'entreprises
écrits par Yoann Laurent-Rouault

Liste non complète à ce jour, plusieurs livres étant en cours de réalisation.

➢ **Immigration mon amour.** (RATP Paris) Biographie de L. Aamou. Collection Baraka. JDH Éditions. Paru en 2022.

➢ **Au-delà des Frontières de la Médecine.** Biographie d'Adnan El Bakri, chirurgien, pionnier de l'e-Santé en France. Collection Baraka. JDH Éditions.

➢ **Plongeurs-démineurs, des hommes ordinaires,** biographie pour G. Garnier. Collection Nouvelles Pages, JDH Éditions. Paru en 2022.

➢ **De Bocuse à la Corrèze : Itinéraire d'un enfant gourmand,** Biographie pour B. Ducher. Collection Toque et Plume. JDH Éditions. Paru en 2022.

➢ **Polare Paris, le sérum anti-âge miracle.** Biographie d'entreprise avec 17 illustrations. JDH Éditions. Paru en juillet 2023.

➢ **Entreprendre après 60 ans.** Biographie de Dominique Large. JDH Éditions. Paru en août 2023.

➢ **Anthedesign.** Pour Hugo Essique, livre d'entreprise, guide pratique informatique. JDH Éditions, Collection Les Indispensables (à paraître en février 2023).

➢ **Inquisitor.** Guide pratique du détective privé. **Livre d'entreprise.** Pour Dominique Large. Illustrations Victoria Laurent. Collections Les Indispensables JDH Éditions. (À paraître en février 2024).

➢ **Rising Stone,** Biographie pour Jean Thomas Olano. Collection Les Indispensables, JDH Éditions. (Parution second trimestre 2024).

➢ **Vivre longtemps en bonne santé, Médecine et Science de la longévité, L'aventure de Biophytis. Livre d'entreprise.** (Pour Stanislas Veillet, René Lafont, Jean Marini.) Collection Les Indispensables, JDH Éditions.

➢ **Le handicap sans frein.** Une méthode d'apprentissage. Art thérapie. Collections Les Indispensables, JDH Éditions (À paraître 1er trimestre 2024).

➢ **Biographie politique de Jean-Luc Cadeddu,** Lafont Presse Éditions (à paraître 1er trimestre 2024).

➢ **Biographie politique de Didier Van Teshme,** Lafont Presse Éditions (à paraître 2ⁿᵈ trimestre 2024).

Dossiers documentaires, livres illustrés et préfaces ou notices réalisés par Yoann Laurent-Rouault pour les éditions Memoria Books

➢ **Mémoires olympiques de Pierre de Coubertin.** Préface, dossier documentaire et 21 illustrations originales. Memoria Books.

➢ **Daudet. La chèvre de monsieur Seguin.** Dossier documentaire et 16 illustrations originales en collaboration avec Paola Cousiño de Banuelos. Préface de la journaliste et auteure économiste Simone Wapler. Memoria Books.

➢ **Gatsby le Magnifique, F. Scott Fitzgerald.** VF. 45 illustrations originales, préface et notices. Memoria Books.

➢ **Gustave Le Bon, Psychologie des foules.** Préface, dossier documentaire et 46 illustrations originales primées. Memoria Books.

➢ **Karl Marx. Le Capital. Tome 1.** Dossier documentaire, synthèse économique et 45 illustrations originales sur l'histoire du marxisme à travers le monde de 1897 à 1940. Memoria Books.

➢ **Karl Marx. Le Capital. Tome 2.** 44 illustrations originales sur l'histoire du marxisme à travers le monde de 1940 à nos jours, notice et dossier. Memoria Books.

➢ **1984 de George Orwell.** VO & VF, 35 illustrations originales. Memoria Books.

➢ **The Time Machine. H.G. Wells.** VO & VF, 15 illustrations originales. Memoria Books.

➢ **Reminiscences of a Stock Operator. Edwin Lefèvre.** VO & VF, 25 illustrations originales, Memoria Books.

➢ **24 contes pour attendre Noël.** 30 illustrations originales. Memoria Books.

➢ **Le livre des esprits, Allan Kardec.** 25 illustrations originales. Memoria Books.

➢ **Propos d'O. L. Barenton, confiseur. Detoeuf.** 38 illustrations originales. Memoria Books.

➢ **La France antisémite.** Essai historique et dossier documentaire avec 38 illustrations originales. Memoria Books.

➢ *La France des Révolutions.* Le grand livre des constitutions. Essai historique & dossier documentaire, 30 illustrations originales en collaboration avec Victoria Laurent-Rouault (parution 1er semestre 2024). Memoria Books.

➢ **Le grand livre des cycles économiques, Thomas Andrieu.** 30 illustrations originales. Memoria Books (parution 1er trimestre 2023).

Les livres d'auteurs de JDH Éditions
& Lafont Presse Éditions
illustrés par Yoann Laurent-Rouault

➢ **Les enquêtes du commandant Icare,** 10 illustrations originales. Lafont Presse Éditions.

➢ **Le collector 1984,** d'après George Orwell. 55 illustrations originales commentées, notices et résumé du roman original. JDH Éditions.

➢ **La belle équipe du football français,** 50 ans de légendes, collection Sporting Club. Écriture complète et 12 illustrations originales. Analyse économique Jean-David Haddad. JDH Éditions.

➢ **Bourse de Paris, 10 grands patrons, 10 grandes histoires.** Les Pros de l'Éco. Écriture complète et 12 illustrations originales. Analyse économique Jean-David Haddad. JDH Éditions.

➢ **Trois siècles de pensée économique**, de N. Piluso. 12 illustrations originales. Les Pros de l'Éco. JDH Éditions.

➢ **L'ombre d'Ulysse** (Haïkus). J.-H. Chevy. 21 illustrations originales. Nouvelles pages. JDH Éditions.

➢ **Mona Nova.** C. Fourrier. 11 illustrations originales. Nouvelles pages. JDH Éditions.

➢ **Les enquêtes du commandant Icare (tome 2),** 12 illustrations originales. Lafont Presse Éditions (à paraître 1er trimestre 2024).

Romans, nouvelles, théâtre & pamphlets
de Yoann Laurent-Rouault

➤ **Le conard nu,** roman. Collection « Magnitudes » (Pseudonyme Arthur Saint-Servan), JDH Éditions.

➤ **Tu n'iras pas à l'école mon fils,** pamphlet. Collection Uppercut, JDH Éditions.

➤ **Tête de pion, journal,** éditions Norman.

➤ **La dictature sanitaire** (collectif de 4 auteurs). Lettre ouverte. Pamphlet, Collection Uppercut. JDH Éditions.

➤ **Le roman en pièce,** théâtre. Collection Drôles de pages, JDH Éditions.

➤ **Les 84 marches.** Roman d'anticipation. Collection Black Files. JDH Éditions.

➤ **L'anatomie de la Margueritte**. Recueil de textes. (Pseudonyme Arthur Saint-Servan) JDH Éditions.

➤ **La mutation des médias français**. Illustrations Victoria Laurent. Collections Les Indispensables, JDH Éditions (à paraître, 1er semestre 2024).

Les collectifs d'auteurs, orchestrés par YLR,
avec nouvelles originales & préfaces

➤ **Nos violences conjuguées**, nouvelle « **Rue de la soif**», Les Collectifs de JDH Éditions.

➤ **Bouses de mammouth**. Préface, texte « **Bouse de Mammouth** », Les Collectifs de JDH Éditions.

➤ **Stupeur et confinement**. Texte « **Monsieur Le** » Les Collectifs de JDH Éditions.

➤ **Monoparentalité, course en solitaire**. Texte « **Sacerdoce** », Les Collectifs de JDH Éditions.

➤ **Cadavres écrits**. Préface et nouvelle « **Sainte-Anne de la miséricorde** » Black Files. JDH Éditions.

➤ **À l'encre de l'esprit**. Préface et nouvelle **« Le caveau Club »,** F. Files. JDH Éditions.

Adaptation de Yoann Laurent-Rouault

➢ **La tragédie de Fidel Castro**, de Joao Cerqueira. Winner USA Best Book Awards & Beverly Hills Book Awards. Magnitudes. JDH Éditions.

Dossiers documentaires illustrés
de la collection Les Atemporels

1° **Alain. Propos sur le bonheur.** Préface et dossier documentaire. JDH Éditions.

2° **Allan Kardec. Le livre des esprits.** Préface et dossier documentaire. JDH Éditions.

3° **Alexandre Pouchkine. La dame de Pique.** Préface et dossier documentaire. JDH Éditions.

4° **Alphonse Allais. L'affaire Blaireau.** Préface et dossier documentaire. JDH Éditions.

5° **Alphonse Daudet. La chèvre de Monsieur Seguin.** Préface, dossier documentaire et illustrations. JDH Éditions.

6° **André Gide. L'immoraliste.** Préface et dossier documentaire. JDH Éditions.

7° **André Gide. Les nourritures terrestres.** Préface et dossier documentaire. JDH Éditions.

8° **Charles Baudelaire. Les paradis artificiels.** Préface et dossier documentaire. JDH Éditions.

9° **Guillaume Apollinaire. Les onze mille verges.** Préface et dossier documentaire. JDH Éditions

10° **Jules Verne. Le tour du monde en 80 jours.** Préface, dossier documentaire et illustrations. JDH Éditions.

11° **Paul Éluard, Capitale de la douleur.** Préface, dossier documentaire et illustrations. JDH Éditions.

12° **René Guénon.** Plusieurs titres en commande. Préfaces, dossiers documentaires et illustrations, à paraître 1er semestre 2024. JDH Éditions.

13° **Victor Hugo. Claude Gueux.** Préface. JDH Éditions.

14° **Rousseau. Du contrat social.** Préface et dossier documentaire. JDH Éditions.

15° **F. Scott Fitzgerald. Gatsby le Magnifique.** Préface, dossier documentaire et illustrations originales. JDH Éditions.

Liens web

https://www.fnac.com/a18790358/Yoann-Laurent-Rouault-La-France-antisemite

https://www.bing.com/search?q=yoann+laurent+rouault+jdh&FORM=R5FD1

https://www.librairie-gallimard.com/listeliv.php?form_recherche_avancee=ok&auteurs=yoann-laurent-rouault

https://www.eyrolles.com/Accueil/Auteur/yoann-laurent-rouault-279487/

https://www.mollat.com/Recherche/Auteur/0-173179/laurent-rouault-yoann

Liens vers les pages du Dr. Adnan El Bakri

Facebook

Instagram

WhatsApp

Dr Adnan El Bakri

Compte professionnel WhatsApp

LinkedIn

Retrouvez toutes les conférences
du Dr. Adnan El Bakri sur YouTube

Dr Adnan El Bakri
D'après sa thèse de doctorat

PRÉDIRE L'ÉVOLUTION DU CANCER AVEC L'INTELLIGENCE ARTIFICIELLE

Préface du Dr Michaël Atlan

JDH ÉDITIONS

Hippocrate & Co

Et son deuxième ouvrage en anglais

Suivez **JDH Éditions** sur les réseaux sociaux
pour en savoir plus sur les auteurs,
les nouveautés, les projets…

Inscrivez-vous à notre Newsletter sur
www.jdheditions.fr
Pour recevoir l'actualité de nos nouvelles
parutions